marcher sur le chemin du BONHEUR

Denis
Morissette

Publié par Ministère Multilingue International
Longueuil, (Québec), Canada
www.ministeresmultilingues.com

Couverture : Alain Auger
Mise en page : Alain Auger

Sauf indication contraire, les textes bibliques sont tirés de la Bible Louis Segond 1910.

Dépôt légal - Bibliothèque et Archives nationales du Québec, 2007.
Dépôt légal - Bibliothèque et Archives Canada, 2007.

Imprimé au Canada.

Catalogage avant publication de Bibliothèque et Archives Canada
Morissette, Denis, 1955-

Marcher sur le chemin du bonheur
ISBN : 978-2-89576-080-1
1. Bonheur. 2. Actualisation de soi I. Titre.
BF575.H27M67 2007 152.4'2 C2007-942263-2

Comment faire

pour obtenir le bonheur,

le garder ou le retrouver

est en fait, pour

la plupart des hommes,

le motif secret qui anime

tout ce qu'ils font et

tout ce qu'ils sont prêts

à endurer.

—WILLIAM JAMES—

Remerciements

Bien que l'écriture d'un livre soit une expérience très monastique, sa préparation et sa publication constituent un travail d'équipe. Bien des gens ont collaboré, dans ce sens, à la rédaction de celui-ci soit par leur influence, soit par leur encouragement et leur soutien autant que par leur apport direct à l'édition et à la diffusion. J'aimerais leur rendre hommage.

Premièrement, je veux remercier mon épouse Johanne qui m'accompagne depuis toutes ces années sur le chemin de la vie. Fidèle, courageuse, persévérante et vraie : le monde entier manque à la découvrir dans son essence, son engagement, sa passion et son authenticité.

Deuxièmement, je veux exprimer toute mon affection pour nos quatre fils qui font notre bonheur et notre admiration :

- Anthony qui a su réaliser ses rêves en s'exilant loin de son foyer mais en restant tout près de notre cœur.
- Nicholas qui a trouvé sa vocation et qui l'exerce avec la même passion qui a toujours animé sa vie.
- William le garçon intrépide, la tête pleine de rêves et d'aventures, à qui l'avenir et le monde appartiennent.

- Thomas, sérieux et discipliné, qui fera, envers et contre tous, son chemin dans la vie comme il l'a fait jusqu'à nous.

Je veux témoigner ma reconnaissance à Claude Houde pour son influence, sa passion pour la francophonie, ses encouragements, son soutien et sa confiance en moi. Je veux remercier Sandrine Chatre pour sa rigueur et son professionnalisme dans la relecture et la correction, elle m'a poussé à peaufiner et parfaire cet ouvrage par ses conseils et son apport judicieux. Je veux souligner l'excellent travail de Kristina Roy pour la correction finale et celui de l'équipe de Ministère Multilingue International pour l'édition et la diffusion : Joël Gerbore, Pierre Poulin et Alain Auger.

Merci à tous les gens qui sont venus me consulter depuis trente ans et qui m'ont davantage apporté que je ne l'ai fait pour eux. C'est en pensant à eux que j'ai écrit ce livre.

Merci à toute mon équipe de soins pastoraux à l'Église Nouvelle Vie pour sa passion envers tous ceux qui souffrent.

Merci à tous mes amis du Québec, de la France et de tous les autres endroits où j'ai voyagé qui m'ont convaincu de la pertinence d'écrire ce livre.

Enfin, je veux donner gloire et honneur à Jésus-Christ qui, il y a plus de trois décennies, m'a proposé un chemin de bonheur que je n'aurais jamais imaginé aussi exaltant.

Denis Morissette
Octobre 2007

Prologue

« Aucun chemin ne mène au bonheur.
Le bonheur est le chemin. »

Auteur inconnu

« Il s'est mis à leur poursuite,
il a parcouru avec bonheur un chemin
que son pied n'avait jamais foulé… »

Ésaïe 41.8

L'idée d'écrire ce livre et de traiter le thème particulier du bonheur m'est venue un jour où je m'adonnais à mon passe-temps préféré : bouquiner. Ma famille et mes amis vous diront que c'est plus qu'un passe-temps, probablement une dépendance. Peut-être, je le confesse. Mais je peux aussi me justifier en vous disant que les livres nous donnent accès à mille et une choses que la vie n'a pas pu naturellement et spontanément nous offrir. Leurs pages nous ouvrent des fenêtres sur le monde, tant sur le monde extérieur, qui nous environne et que nous devons apprivoiser, que sur ce monde intérieur qui nous anime et que nous devons comprendre. Jean Guéhenno, membre renommé de l'Académie française a dit, à juste titre, que le livre est un outil de liberté[1]. Il a parfaitement raison. Quel que soit le type d'ouvrage : roman, nouvelle, étude ou autres, les livres nourrissent, inspirent, affranchissent et certains nous aident à trouver des réponses aux innombrables questions qui assaillent nos pauvres âmes. Mon humble désir est bien sûr que cet ouvrage puisse produire cet effet dans votre vie.

Ce n'est pas ma recette que je vous propose mais davantage un retour aux sources, à des vérités oubliées, négligées mais tellement réalistes et actuelles.

Un jour, alors que je furetais dans les rayons d'une librairie, sans trop savoir ce que je cherchais, je me suis retrouvé dans la section self-help, psychologie populaire, en train de feuilleter les ouvrages sur le bonheur. J'y ai découvert bien entendu, une foule de psychologues, motivateurs, écrivains new-age, philosophes et autres experts qui proposaient tantôt leurs découvertes, tantôt leur approche révolutionnaire sur le sujet. Des titres plus percutants les uns que les autres jalonnaient les étagères et les présentoirs : « Le bonheur maintenant ! » ou encore « Le bonheur authentique », « Trébucher sur le bonheur », « La méthode X pour un bonheur durable », « Soyez heureux pour toujours ! » et même « L'art du bonheur » en deux tomes, écrit par le dalaï-lama.

Si vous êtes comme moi, vous ressentez des émotions ambivalentes face à tous ces titres séduisants. D'une part, nous avons tous envie d'un bonheur durable et d'une sérénité perpétuelle mais nous sommes aussi conscients, d'autre part, que la vie n'est pas facile et que le bonheur est loin d'être permanent. Bien plus, lorsque nous sommes malheureux et accablés par les déboires, la dernière chose dont nous avons besoin, c'est d'une illusion ou d'une désillusion supplémentaire.

Le bonheur n'est pas un sujet facile à traiter. Tout le monde a sa propre recette qu'il cherche à promouvoir et à défendre. Mais croyez-moi, ce n'est pas l'idée que je poursuis. Ce n'est pas ma recette que je vous propose, mais davantage un retour aux sources, à des vérités oubliées, négligées mais tellement réalistes et actuelles. Je vous propose de faire un voyage avec moi. Un voyage à la fois dans le temps pour redécouvrir ces vérités qui ne sont pas nouvelles mais aussi, un voyage intérieur, pour un cheminement vers un mieux-être.

Mais avant d'aborder ce périple, permettez-moi de me présenter à travers certains aspects qui ont motivé la rédaction de ce livre. J'ai passé la plus grande partie des trente dernières années à rencontrer des gens qui sont venus me demander conseil parce que leur vie était mal en point. Je me suis glissé dans leur histoire personnelle. Je les ai écoutés pour tenter de les comprendre et de les aider eux-mêmes à se comprendre en leur proposant des pistes, des solutions, afin qu'ils parviennent à tirer le meilleur parti de leur condition difficile. Beaucoup m'ont troublé lorsque j'ai entendu le récit de leur vie, de leurs déboires, des abus dont ils ont été victimes. Ces gens, je les ai rencontrés au Canada, en France, en Suisse et ailleurs dans la francophonie. Ils sont venus me voir parce que je suis, pour reprendre leur expression, un « psy chrétien » et, un « psy chrétien », dans leur pensée, ça connaît l'humain et aussi le divin. Bien que cela ne se définisse pas de façon aussi simple, il n'en demeure pas moins qu'une part de vérité et de justesse se dégagent de cet énoncé.

La plupart de ceux qui sont venus me consulter au fil des ans avaient la foi. Mais une foi usée, malade, abîmée. D'autres étaient devenus agnostiques. Ils avaient cru une partie de leur enfance mais s'étaient éloignés de la foi un peu comme on quitte un pays ou on fuit une contrée. Ils en avaient gardé une certaine nostalgie mais avaient perdu ce qui en faisait la force. Tous sont venus me voir parce qu'ils me savaient chrétien et parce qu'il restait encore en eux des traces de la foi qu'ils avaient connue jadis. Ils voulaient retrouver cette foi sachant bien que la vie sans elle n'est pas pareille. Mais par-dessus tout, ils souhaitaient retrouver celui qui pouvait les aider à émerger de leur pénible condition.

Beaucoup de ces gens s'étaient perdus dans un no man's land. Dans leur détresse, ils ne savaient plus où aller. D'une part, ils ne se sentaient ni compris ni respectés dans leurs croyances et leurs valeurs lorsqu'ils consultaient des praticiens convaincus que la foi chrétienne était leur problème et la source de leur mal être. Mais ils se sentaient aussi, d'autre part, jugés par une Église qui ne comprenait pas leurs difficultés, leurs déboires et leur désarroi. Une Église dépourvue qui ne savait comment aider, soutenir, répondre aux interrogations et proposer un mode de vie plus réaliste. Une Église qui, en bout de compte, était probablement tout aussi malheureuse, sans vraiment le savoir.

Vous vous reconnaissez peut-être parmi cette catégorie de gens et vous réalisez que les expériences négatives de votre vie, si douloureuses soient-elles, ont mis à l'épreuve votre foi sans réussir cependant à l'éteindre complètement. C'est qu'il y a en vous, comme en moi, ce désir profond, cette aspiration à une vie meilleure. Un élan qui nous pousse à croire à un bonheur possible. Mon premier objectif : c'est vous ! C'est pour vous que j'ai écrit ce livre.

Cela m'amène au second objectif, qui est celui de proposer une approche chrétienne et biblique du bonheur. Mais croyez-moi, ce n'est pas un livre religieux. Il me sera peut-être difficile de convaincre certains de mes lecteurs puisque, pour beaucoup, christianisme et bonheur ne semblent pas aller de pair. Peut-être direz-vous, en pensant à la religion de votre enfance, qu'est-ce que le christianisme a à faire avec le bonheur ? Ou, la religion avec la joie de vivre ? Ne sont-ils pas deux univers complètement incompatibles ? Si vous pensez de la sorte, vous venez de succomber à ce que j'appelle la mystification du christianisme ; phénomène par lequel le message originel a été déformé, un peu comme par le jeu du téléphone arabe, au point d'en être presque méconnaissable.

Nous allons ensemble tenter de découvrir ce que le christianisme a réellement à dire sur le bonheur et surtout ce que Jésus lui-même a enseigné à ce sujet. Par exemple, il est fascinant de découvrir, mais nous le verrons de façon plus détaillée, que l'une des premières grandes « conférences » que Jésus ait données publiquement portait en grande partie justement sur ce thème particulier. En effet, dans le célèbre sermon sur la montagne, Jésus aborde la question du bonheur dans le segment communément appelé « les béatitudes »[2]. Neuf fois, en quelques versets, il répète le même mot : Heureux ! Jésus s'intéresse donc à la question du bonheur. Bien plus, il s'intéresse à la condition et aux besoins des gens dans un contexte historique et sociologique où la notion de bonheur ne semble pas une préoccupation comme elle l'est dans nos temps modernes. Mais, il semble qu'il ait été près de deux mille ans en avance sur son temps et précurseur de la psychologie moderne dans sa compréhension des besoins profonds du cœur humain. Il savait que les plus grandes préoccupations du cœur humain ne concernent pas uniquement les besoins primaires de nourriture, de logement et de maintien de la vie mais aussi et surtout, la qualité de la vie intérieure, émotionnelle, psychologique et spirituelle.

Le chemin que je vous propose est très réaliste. Ce n'est pas une autoroute éclairée pavée à quatre voies. C'est un chemin étroit, presque un sentier. Il est joli et attrayant, mais parfois difficile et escarpé. À certains moments, il est sinueux et incertain mais il finit toujours par nous étonner en profilant des paysages radieux. J'ai choisi la notion de « chemin » face au thème du bonheur parce qu'il constitue une métaphore puissante du changement possible. Le chemin est le symbole du processus et de la progression, du cheminement et de l'avancement.

Je vous invite donc à m'accompagner et à marcher avec moi sur le chemin du bonheur. Ensemble, nous apprendrons à mieux le comprendre, à découvrir les obstacles qui empêchent sa pleine expression et sa pleine expérimentation, et surtout, à progresser et à nous approprier notre part du bonheur.

Ma prière et mon désir sont que vous soyez réconcilié non seulement avec l'idée et l'expérience du bonheur mais aussi et par-dessus tout avec celui qui peut vous le procurer.

« Heureux celui qui trouve son refuge en lui. »
Psaumes 2.12

Denis Morissette, M.Ed.

1

À la recherche du BONHEUR !

«...il y a eu autrefois dans l'homme un véritable bonheur, dont il ne lui reste maintenant que la marque et la trace toute vide, et qu'il essaie inutilement de remplir de tout ce qui l'environne (...) parce que ce gouffre infini ne peut être rempli que par un objet infini et immuable, c'est-à-dire, que par Dieu lui-même. »[3]

Blaise Pascal

« Voyant la foule, Jésus monta sur la montagne, il s'assit et ses disciples s'approchèrent de lui. Puis, il ouvrit la bouche et se mit à les enseigner. »

Matthieu 5.1-2

À notre époque moderne, il existe un énorme fossé entre la société et la foi religieuse. Pour tout un large segment de la population, parler de foi chrétienne, de vie spirituelle et d'Église génère des émotions fortes allant de l'agacement à l'agressivité et de la méfiance à la crainte. À la limite, on peut parler de spiritualité uniquement dans la mesure où le discours reste vague, indéfini et non engageant : tu crois ce que tu veux, je crois ce que je veux. Pour beaucoup d'autres, en particulier les plus jeunes, c'est simplement l'indifférence. La religion n'éveille pas grand-chose en eux si ce n'est une légère incompréhension. Par contre, pour les plus âgés d'entre nous, il n'en a pas toujours été ainsi. Nous avons connu, dans notre enfance, un monde où la foi et la religion étaient présentes même si parfois, c'était un peu trop. Ces expériences religieuses de notre enfance nous ont permis de forger notre pensée, d'animer notre vie et d'inspirer nos valeurs de base. Malheureusement, pour certains, victimes d'excès, d'intransigeance voire d'abus de la part de la religion, celle-ci n'a su susciter qu'une forte aversion qui trouve sa démesure dans un refus profond de considérer le message d'origine.

Les sociologues et les anthropologues ne cesseront jamais de scruter assez le passé pour comprendre ce qui a précipité les sociétés occidentales dans le rejet et l'abandon de la foi. Bien sûr, ce phénomène est dû à une réaction contre l'extrémisme, aux abus et à la démesure. Pourtant, comme nous le verrons plus tard, le message originel de Jésus-Christ n'a rien à voir avec le dogmatisme, l'intolérance et l'étroitesse d'esprit. Ce qui est davantage malheureux, c'est que subtilement, la religion chrétienne soit perçue comme une institution passée et dépassée, inappropriée face aux défis et aux questions que comporte la vie moderne. Pourtant, la réalité est tout autre, et le message de l'Évangile est profondément réaliste, résolument pragmatique et n'a rien en commun avec une religion imposée et imposante.

> Nous avons tous besoin de Dieu bien que nous n'en soyons pas toujours conscients.

Mais au-delà d'un simple réflexe face aux excès et à l'envahissement de la religion, cette réaction met bien plus en évidence le rapport trouble qui caractérise l'homme et sa vie spirituelle, l'humain envers le divin. Au-delà du phénomène social, il y a les enjeux intimes et personnels de notre propre condition spirituelle. Nous avons tous besoin de Dieu bien que nous n'en soyons pas toujours conscients. Ma conviction profonde est que notre quête effrénée du bonheur cache justement une recherche instinctive de Dieu et d'une vie spirituelle stimulante, significative et enrichissante qui comble les aspirations de nos cœurs et de nos âmes.

En fait, c'est dans un univers justement similaire au nôtre que Jésus a pénétré. Il s'est retrouvé au cœur même des enjeux de son époque et des réelles questions présentes dans la vie des gens en un temps où la religion était omniprésente, encombrante et contraignante. Voilà pourquoi il a si souvent débattu avec les scribes, les pharisiens et les leaders religieux de son époque, leur reprochant de lier les hommes de fardeaux pesants et difficiles à porter sans les aider d'un seul doigt[4]. Il savait fort bien que la religion est une épée à deux tranchants. Elle peut libérer des personnes et des peuples de la détresse et de la déchéance, mais peut tout autant les dominer et les asservir. Le problème n'est pas dans la religion en soi mais dans la nature humaine ; dans sa tendance à éviter de poser les vraies questions et à s'accommoder de réponses insignifiantes et anesthésiantes. Les gens peuvent passer une vie entière empêtrée dans des rituels religieux stériles, inconsistants et incohérents sans rien y comprendre, sans s'épanouir, sans être transformés et sans inspirer ceux qui les entourent. Jésus a proposé une autre voie ou plutôt une autre façon plus pragmatique de vivre. Une vie pénétrée par une foi qui donne un sens et offre une direction à leur existence. Une foi qui s'imprègne dans la nature humaine, la régénère, la transforme. Une foi qui répond aux questions mais aussi aux attentes, aux désirs et aux besoins du cœur de l'être humain.

Pour s'en rendre compte, il s'agit de revoir ce que Jésus lui-même a enseigné et clairement présenté à ce sujet. La Bible relate que, tel que l'ont annoncé les prophètes de l'Ancien Testament,

Jésus est venu, envoyé par Dieu, pour publier une bonne nouvelle aux pauvres et aux malheureux, pour guérir ceux qui ont le cœur brisé, pour proclamer aux captifs de tout acabit la délivrance et pour libérer les opprimés[5]. Il est à la fois proclamateur, guérisseur, sauveur et libérateur. Comme proclamateur, il s'attaque à l'ignorance avec assurance. Comme guérisseur, il soigne les douleurs et les maux d'une humanité en détresse. Comme sauveur, il rachète un monde tourmenté et désespéré et enfin, comme libérateur, il s'assure que tous soient pleinement affranchis.

Mais cela n'est pas tout. Jésus est aussi et surtout un enseignant. Un enseignant observe, écoute, cherche à comprendre et donne à ses élèves des directives, des outils et des moyens pour transformer leur univers. Un bon professeur ne les amène donc pas à dépendre de lui mais les aide à faire les apprentissages nécessaires, à développer leurs capacités pour qu'ils en tirent le meilleur profit. Un mauvais maître se préoccupe de lui-même et pense davantage à étaler sa science pour impressionner son auditoire. En agissant ainsi, non seulement il ne rend pas service à ses élèves mais il les garde inaptes et vulnérables. Le bon enseignant, au contraire, dévoile son savoir et le rend applicable pour que ceux qui l'écoutent en fassent bon usage. Il accroît ainsi leur savoir-faire et leur lègue des outils inestimables, prouvant ainsi qu'il est un pédagogue conscient, adroit et compétent. C'est justement ce qu'est Jésus, et il le démontre très bien dans cette grande fresque oratoire que constitue le sermon sur la montagne et particulièrement les béatitudes.

Le chapitre cinq de l'évangile de Matthieu nous présente ces textes en illustrant fort bien cet aspect de la personne de Jésus : « Voyant la foule, Jésus monta sur la montagne. Il s'assit... Puis, il ouvrit la bouche et se mit à les enseigner ».[6] Trois aspects principaux sont manifestes dans ce court texte. En premier lieu, Jésus monte sur une montagne (probablement s'agit-il davantage d'une colline). Là, il voit à la fois la foule dans son entier et ses disciples rassemblés tout près de lui. Il veut voir et être vu, ce qui caractérise la position habituelle d'un conférencier devant son auditoire. Mais, le symbolisme spirituel est saisissant et on ne peut s'empêcher de faire un parallèle entre Moïse et Jésus. Moïse (symbolisant l'ancienne alliance) est monté au mont Sinaï pour recevoir la loi de Dieu. Jésus (qui propose une nouvelle alliance) monte également sur une montagne pour prononcer les bénédictions de Dieu. Jésus inaugure ainsi une ère nouvelle où tous, maintenant, peuvent s'approcher de Dieu et s'approprier ses gracieuses bénédictions.

En deuxième lieu, le texte mentionne que Jésus s'assied. Pour le profane moderne, cela signifie peu de chose. Mais pour les gens de cette époque, cela constituait un geste symbolique, protocolaire et presque sacré. En effet, lorsqu'un rabbin s'asseyait, cela marquait le début officiel de l'enseignement. De nos jours, nous parlons encore, dans certaines institutions d'enseignement, de la chaise du professeur ou du prédicateur. Parfois, elle est appelée chaise « magistrale » faisant allusion au maître enseignant. Lorsque Jésus s'assied ainsi, il indique que son enseignement est important et officiel.

En troisième et dernier lieu, Matthieu donne plus de détails dans la description de cette scène et poursuit son récit en mentionnant que : « *Jésus ouvrit la bouche et se mit à enseigner* ». Cette expression n'est pas du tout une figure de langage. Il est bien certain que pour parler, il faille ouvrir la bouche. Mais dans la pensée grecque, cette façon de s'exprimer signifie qu'il s'agit d'une déclaration que l'on pourrait qualifier de solennelle, comme un oracle, et qui mérite une attention sérieuse et soutenue. Bien plus, cela indique que le « maître » ouvre son cœur et expose sa pensée sur un sujet crucial. Ceci est l'expression d'un partage intime où les barrières tombent et où les liens se tissent. Par exemple, nous avons tous à l'esprit ces moments lors desquels, autour d'un repas, la discussion et l'échange entre convives et amis prennent une tournure très intime. Des instants propices à l'ouverture où ceux qui sont présents entrent littéralement en communion. Les cœurs et les esprits se rencontrent et se comprennent. Ce sont des moments magiques et profondément spirituels difficiles à répéter et à reproduire.

Jésus aborde son auditoire de cette manière, leur signifiant ainsi que le sujet qu'il veut aborder est sérieux et digne de toute leur attention. Le maître s'exprime et répond aux questions cruciales si nombreuses que les gens se posent. Voilà pourquoi le sermon sur la montagne constituera un des plus longs exposés de Jésus, traitant des sujets comme la condition intérieure, la vraie religion, les relations humaines, la justice, le pardon, la prière, les valeurs, les inquiétudes de la vie et bien d'autres encore.

Mais avant d'aller plus loin sur le développement des béatitudes, il est bon de s'interroger sur ce qui a poussé Jésus à arrêter son trajet pour s'adresser ainsi à cette foule qui le suivait. Pourquoi prendre une « pause-enseignement » ? Qu'est-ce qui a attiré son regard au point qu'il décide de monter sur cette colline, de s'arrêter et de prendre la peine d'aborder ces sujets précis ? Qu'a-t-il vu dans cette masse bigarrée et composée de gens si différents ? D'un premier regard, il a pu probablement voir une foule de besoins si variés et distincts, tellement difficiles à combler qu'ils décourageraient le plus habile des maîtres.

> Un vide qui n'attend, comme le dit Pascal, que d'être comblé par Dieu.

Ma conviction est un peu différente. Je crois qu'il a vu plus qu'une foule de besoins, mais plutôt une foule dans le besoin. Une multitude de gens très différents et pourtant, comme une seule et même personne, frêle et vulnérable. Tous et chacun avec un même besoin commun et partagé que l'on appelle, en jargon moderne, un besoin universel. Une nécessité qui en apparence semble particulièrement personnelle mais qui est en fait le propre de tous les êtres humains, peu importe leur origine, leur culture, leur condition sociale et religieuse ou même encore leur époque. Je suis convaincu qu'il a senti l'immense vide de leur cœur. Un vide qui n'attend, comme le dit Pascal, que d'être comblé par Dieu et qui se traduit par une recherche inlassable, une quête incessante du mieux-être, du bonheur. Je crois qu'il a senti leur mal être et qu'il a vu leur malheur.

Le bonheur ne s'achète pas, le bonheur ne se donne pas ; il s'acquiert et se gagne.

Le bonheur possible...

Il est difficile d'imaginer dans une terre désertique, sèche et rocailleuse, brûlée par le soleil où les besoins en nourriture et en eau sont si importants, que la notion de bonheur puisse faire partie des préoccupations des gens. Il est encore plus difficile de concevoir que ce peuple dominé tour à tour par les Babyloniens, les Perses et les Romains, ait pu, au temps de Jésus, être intéressé par le bonheur et la félicité. Le bonheur semble être une invention et une préoccupation tellement modernes, le privilège des sociétés riches et opulentes. Pourtant la réalité est tout autre : chaque être humain recherche encore et toujours patiemment cet état de ravissement et de contentement que constitue le bonheur. Les gens malheureux ont du mal à concevoir qu'il puisse devenir une possibilité pour eux. Pourtant, encore une fois, Jésus ne voit pas juste la foule. Il voit chaque personne dans son histoire personnelle et lui propose un chemin particulier, une nouvelle façon de voir la vie et d'être heureux.

Comme nous le verrons de manière plus détaillée, le bonheur ne s'achète pas, le bonheur ne se donne pas ; il s'acquiert et se gagne. Non pas comme on gagne à la loterie mais davantage par un effort conscient et constant. Puisqu'il ne s'achète pas, il devient alors accessible à tous. Le riche ne peut l'obtenir par l'argent et on ne peut le donner au pauvre même avec le cœur le plus charitable. Tous y ont accès mais ils doivent le trouver. Il est l'apanage de ceux qui travaillent sans relâche leur vie, de ceux qui prennent soin de leur état et de leurs relations. C'est le sens premier des béatitudes.

La quête du bonheur procède d'un manque, d'un vide. C'est pour combler cette absence que toute personne part à sa recherche. En fait, intérieurement et inconsciemment, on ne le trouve pas. On le retrouve. Ce n'est pas la recherche de quelque chose que l'on ne connaît pas mais la découverte de l'objet perdu. Ma conviction profonde est que ce vide intérieur provient d'une perte. On ne peut pas manquer de ce qu'on ne connaît pas, sauf si cela provient d'un besoin légitime et fondamental. Les orphelins qui, par exemple, n'ont pas eu de père ou de mère, ressentent le vide provenant de l'absence (ou de la non-présence) bien qu'ils n'aient pas perdu quelque chose dont ils n'ont jamais eu conscience. Mais la réalité est que le manque lié à un besoin nécessaire crée le même effet. C'est comme si notre nature profonde était programmée pour avoir et pour recevoir. Cependant ici, il ne s'agit pas d'un besoin qui peut être satisfait par quelque chose d'extérieur. On ne parle pas de biens matériels, de tout ce que cette société de consommation nous propose comme moyens artificiels et comme simulacres de valeurs. En fait, rien d'extérieur à nous ne peut venir combler ce qui nous manque à l'intérieur. On ne parle pas de richesse, de beauté, de gloire mais de valeur intrinsèque de la vie. Moussa Nabati, dans son livre « Le bonheur d'être soi », parle du bonheur « ...qui prend son origine dans cette extraordinaire mais si simple sensation d'exister, dans cette ineffable certitude d'être vivant et entier dans un corps réel. Il se trouve dans le plaisir de vivre, dans le désir et l' "en-vie" d'exister, vivant parmi les vivants, et non dans les plaisirs de la vie »[7].

Beaucoup de gens ont « perdu » cette sensation d'être pleinement vivants. Ils se sont éloignés de la vraie vie. D'autres, quant à eux, ne l'ont jamais connue. La perte demeure la même. Je qualifie cette perte d'originelle parce qu'elle se situe aux confins des origines et de la nature de l'homme. Il y a en chacun de nous le sentiment profond qu'il nous manque quelque chose, la conscience de cette absence. Voilà ce dont il est question dans les béatitudes et que Jésus sait qu'il manque dans la vie de tous ces gens qui l'entourent.

Le bonheur, ici et maintenant ?

Mais au fond, la question se pose : Peut-on être heureux dans ce monde en souffrance et en proie au malheur ? Les familles éclatées, les amours déçus, les rêves brisés, la maladie tout autant que les guerres, les catastrophes et les pertes qui s'en suivent ne sont-ils pas la preuve que le bonheur est éphémère, improbable ou impossible ? Bien sûr, tout dépend de la définition que nous donnons au bonheur. La conception du bonheur que nous présentent les béatitudes n'est pas celle d'une condition hermétique où la souffrance et les difficultés ne nous atteignent pas. Il ne s'agit pas non plus d'un état où nous devenons imperméables à tout tourment, toute déception ou contrariété. C'est un bonheur réel et réaliste. Tout à fait possible sans être nourri par des illusions infantiles.

Le bonheur proposé par Jésus n'est pas non plus réservé à l'au-delà, à « l'après-vie » comme un paradis accessible à la fin de nos jours. Il y a bien entendu une espérance future réelle dans le message chrétien. Le ciel est une réalité, mais ne constitue pas une échappatoire à la vie d'ici-bas, pas plus qu'il n'est une invention pour aider les croyants à endurer leurs maux avec résignation. Le bonheur des béatitudes se construit tous les jours au fil de la vie, malgré les obstacles que l'on peut rencontrer.

En fait, comme nous le verrons au travers de chacune des béatitudes, nous sommes souvent l'obstacle numéro un à notre propre bonheur. Nous adoptons parfois inconsciemment des attitudes ou des conduites qui nuisent à l'atteinte d'un état heureux et serein. Dans cette perspective, la poursuite et l'atteinte du bonheur ne sont possible que dans la mesure où nous recherchons le changement, la transformation et dans certains cas la guérison de nos vies.

Mais tout ce travail qui peut parfois sembler ardu ne se fait pas tout seul. N'oublions pas que Jésus s'adresse à des hommes et des femmes ayant chacun une histoire personnelle et qui poursuivent désespérément une quête soutenue. Il les presse et les devine individuellement même s'ils se confondent et se fondent dans l'anonymat de cette affluence. Cette foule, il l'a rencontrée à maintes reprises et à chaque fois, il a été ému de compassion pour elle « … parce qu'elle était languissante et abattue, comme des brebis qui n'ont point de berger »[8]. Voilà pourquoi, il s'arrête pour elle et veut être ce conducteur, ce bienfaiteur, ce berger. Il veut lui montrer le chemin du bonheur. Et, il se trouve que c'est justement en lui qu'est ce chemin[9].

Et, il se trouve que c'est justement en lui qu'est ce chemin.

2

Le chemin du BONHEUR passe par la SIMPLICITÉ

« Heureux
les pauvres
en esprit,
car le royaume
des cieux est à eux ! »

MATTHIEU 5.3
PREMIÈRE BÉATITUDE

« La pureté et la simplicité sont les deux ailes avec lesquelles l'homme s'envole au-dessus de la terre et de toute nature éphémère. »

THOMAS A KEMPIS

La première question qui se pose à la lecture de cette première béatitude est évidente : que signifie au juste être pauvre en esprit ? À quoi Jésus fait-il allusion quand il utilise cette expression ? Il est important de comprendre le sens des mots que l'on retrouve ici pour dissiper toute la confusion générée par les interprétations les plus loufoques qu'il est possible d'entendre. Dans le grec du Nouveau Testament, il existe deux termes pour le mot pauvre. Le premier, *penes,* fait référence à quelqu'un d'indigent qui travaille durement pour assurer sa subsistance. Le mot *penes,* qui provient de *ponos,* veut dire douleur et souffrance. Il fait allusion à celui qui gagne son pain à la sueur de son front, à quelqu'un qui lutte contre la pauvreté et qui parvient, de peine et misère, à tirer son épingle du jeu par un douloureux et dur labeur. Il décrit donc la condition de gens démunis, mais qui réussissent tout de même à survivre tant bien que mal. Il serait difficile de croire qu'ils sont heureux de vivre de la sorte. Pourtant, cette notion de pauvreté nous fait penser à tous ceux qui sont à la recherche du bonheur et qui tentent obsessionnellement de le trouver. Ils sont prêts à tout pour être heureux, et c'est ce qui les rend encore plus misérables.

Mais, *penes* n'est pas le terme utilisé dans cette première béatitude. Il s'agit du mot grec *ptoochos* qui signifie littéralement mendiant. Il décrit l'état de dénuement d'une personne qui doit mendier, quêter pour subsister. Il s'agit de quelqu'un qui, du fait de son appauvrissement, ne peut pas, par lui-même, pourvoir à ses besoins. S'il ne possède pas, en lui-même, cette capacité, il doit donc se tourner vers quelqu'un de charitable qui l'aidera et assurera sa subsistance. Jésus n'utilise pas ce terme par hasard. Il sait que les gens connaissent ce mot et peuvent l'associer à des images bien réelles de la vie courante. En effet, ils les connaissent ces pauvres qui travaillent durement et ils voient chaque jour, ces mendiants qui, aux portes de la ville, tendent la main espérant une pièce ou un morceau de pain. Jésus est en train de leur dire qu'à moins qu'ils ne deviennent comme ces mendiants, ils ne pourront pas être heureux. Que celui qui veut être heureux doit reconnaître son besoin de lui et son incapacité propre à trouver la félicité. Est-ce que le chemin du bonheur passe obligatoirement par cet état ? Jésus est-il en train de leur dire qu'il faut qu'ils deviennent moins que rien pour obtenir plus dans la vie ? Essaie-t-il, subtilement, de faire l'éloge de la « nullité » ? Pour répondre à ces questions, il est nécessaire de poursuivre notre réflexion en écartant toute mauvaise compréhension de la signification de cette fameuse expression, « être pauvre en esprit ».

Jésus, ici, ne fait pas l'apologie de la médiocrité.

Ce que ne signifie pas être « pauvre en esprit »

Avant tout, soyons clairs, être pauvre en esprit ne veut pas dire être ignare, ignorant ou incapable. Il n'est pas question non plus de déficience, d'un manque d'intelligence ou d'éducation. Encore moins de la sottise humaine, d'un manque de débrouillardise ou de compétences. Enfin, ce n'est pas la caractéristique de gens naïfs, crédules et irresponsables. Jésus, ici, ne fait pas l'apologie de la médiocrité. Il met en lumière un état d'esprit.

Être pauvre en esprit ce n'est pas non plus être moins que rien. Jésus ne propose pas d'atteindre l'état et la condition d'une personne névrosée qui passe sa vie à s'autodéprécier. Il ne se réjouit pas dans le dénigrement de soi, dans l'abaissement maladif ou l'automutilation psychologique et émotionnelle. Beaucoup de croyants n'ont pas compris le sens de cette portion de cette béatitude et sombrent dans un déni pathologique d'eux-mêmes, convaincus que Dieu y prend plaisir. C'est cette mortification pitoyable d'eux-mêmes qui repousse tous ceux qui pourraient s'intéresser à la foi chrétienne. Cet état d'esprit produit une aversion naturelle et spontanée de la part de tous ceux qui les côtoient. Leur foi et leur expérience spirituelle sont auto-destructrices et maladives. Jésus ne faisait en aucune façon allusion à cela, car il n'y a pas de bonheur à se dénigrer de la sorte.

Dans cette première béatitude, Jésus ne fait aucunement référence à la pauvreté matérielle. Dans la pensée religieuse populaire, il fut un temps où, prêtres, pasteurs ou conducteurs spirituels tentaient d'élever la pauvreté au stade de vertu et de déprécier la richesse en la diabolisant. Cette manière de concevoir les choses a pu être empruntée à l'évangile de Luc qui reprend, de façon abrégée les béatitudes, en disant : « *Heureux vous qui êtes pauvres, car le royaume de Dieu est à vous*[10] », mais en omettant les mots « en esprit ». Cependant, il n'en est rien. Luc n'a pas oublié ce détail. La plupart des théologiens s'entendent pour dire que le texte de Luc n'est pas le récit du même épisode décrit par Matthieu. Il fait référence à un autre moment où l'essence générale des béatitudes est reprise. Certains contesteront en disant que tout de même, pardonnez-moi cette familiarité, Jésus n'y est pas allé avec le dos de la cuillère quand il s'adressait aux riches et leur disait : « Mais, malheur à vous, riches, car vous

> L'argent et les possessions matérielles ne font pas le bonheur !

avez votre consolation ![11] » En fait, une meilleure explication de ce passage serait quelque chose qui ressemble à ceci : Vous riches, vous avez votre propre consolation dans vos biens. Mais vous savez au fond de vous que cela ne vous comble pas et ne vous rend pas heureux.

Une lecture judicieuse du texte de Luc met en perspective une pensée récurrente au Nouveau Testament qui est scientifiquement reprise d'ailleurs par les recherches modernes, à savoir que le bonheur n'est pas dans les richesses matérielles. Le magazine américain « Time » a judicieusement repris cette notion dans un article intitulé « *The New science of Happiness*[12] » dans lequel la somme des études et des recherches récentes tend, encore une fois, à prouver que lorsque nos besoins de base ou besoins fondamentaux sont comblés, les revenus additionnels ne rajoutent que peu à notre niveau de satisfaction. Au contraire, l'accumulation et la poursuite effrénée et indue de richesses tendent à provoquer l'effet inverse. Ce phénomène, beaucoup plus dommageable que le simple désabusement, a donné naissance au terme « affluenza », un néologisme provenant de l'union de deux mots : influenza et affluence. Il sert à décrire la condition de ceux qui sont surchargés, anxieux, préoccupés de façon malsaine par l'argent et les biens matériels. En un mot : l'argent et les possessions matérielles ne font pas le bonheur ! Il ne se trouve ni dans la richesse, ni dans la pauvreté.

Être pauvre en esprit n'est pas non plus être spirituellement miséreux et dépourvu de toute conviction et d'absolu. La vraie spiritualité amène l'élévation de l'âme et non son affaiblissement et son effondrement. Les sociétés modernes sont spirituellement pauvres en ce qu'elles se sont cantonnées dans l'opulence, l'égotisme, les plaisirs à tout prix et ont rejeté presque en bloc, la foi, la vertue, les valeurs morales et familiales, etc. En voulant se libérer d'un certain joug de la religion passée, elles ont réagi à l'excès et balayé du revers de la main les fondements de base de l'existence et des rapports humains. Le résultat est manifeste dans la détérioration des conditions de vie du monde occidental moderne. Les gens sont devenus irresponsables, arrogants, ineptes et inconscients et, en même temps, anxieux, dépressifs et torturés. En fait, leur crédo est le bonheur pour moi tout seul, maintenant, à tout prix et peu importe ce qui arrivera aux autres et ce que sera l'avenir.

Une société qui exalte l'individu l'amène à ce qu'il se retourne sur lui-même et à ce qu'il perde une plus grande perspective de la vie. Justement, pour que la vie ait un sens, il faut qu'elle soit rattachée à une entité plus grande qu'elle. Le « moi » n'est pas un contenant assez grand pour recevoir tout ce qu'elle offre. Les pauvres en esprit ont compris cela. Lorsqu'ils prennent conscience du vide qui les habite, ils se retrouvent en position d'ouverture à quelque chose de plus grand qu'eux qui peut les combler et leur donner du bonheur.

L'humilité et la simplicité

Les pauvres en esprit sont des gens simples. Le bonheur véritable leur est accessible parce qu'ils ont saisi que la simplicité de cœur ne signifie pas être simple d'esprit, mais être dépouillé de l'excès de bagages que leur impose la vie moderne. Le bonheur à l'époque actuelle est compliqué, lourd et coûte très cher. Il est modifié, déformé, empesé. Voilà pourquoi très peu le trouvent vraiment. C'est la simplicité qui permet de découvrir que le vrai bonheur, c'est de savoir :

- se dégager du superflu afin de se concentrer sur l'essentiel ;
- se débarrasser de l'excédent et se contenter du nécessaire ;
- focaliser sur ce qui est important et mettre de côté ce qui est secondaire.

Le dénuement volontaire et spirituel est avant tout une attitude intérieure qui se traduit par un délestage de tout ce qui est superflu et non nécessaire. Chez les gens trop chargés (comme pour les navires), alléger sa charge permet de faciliter le parcours et de mieux profiter du voyage. Robert Blondin[13], dans une vaste étude sur le bonheur, a interrogé près de deux mille personnes d'Europe, d'Asie et d'Amérique. Ses conclusions confirment cette notion d'un bonheur simple qui se nourrit d'une attitude différente. « *Les gens heureux,* dit-il, privilégient l'essentiel par rapport à l'accessoire, l'être à l'avoir, l'utile à l'agréable, le durable à l'éphémère, le suffisant au trop, le nécessaire au superflu, en fait les besoins aux désirs. »

Mais, les pauvres en esprit sont aussi des gens humbles qui reconnaissent leur humanité et les limites que leur impose leur condition humaine. Ils ne se prennent pas pour Dieu. Ils ne sont pas affublés de cette arrogance et de cet orgueil qui parfois caractérisent les mieux-nantis. Le thème de l'humilité et de l'orgueil revient régulièrement dans les Saintes Écritures. La Bible mentionne par exemple que « *Dieu résiste aux orgueilleux, mais il fait grâce aux humbles*[14] ». Il est relativement facile de définir l'orgueil ou de décrire les gens orgueilleux. Ces derniers se croient autosuffisants. Ils ont la conviction qu'ils n'ont besoin de personne et résistent à toute remise en question. Ils n'ont jamais tort puisque leur autocritique est déficiente. Il serait trop simpliste de croire que l'orgueil est le lot des riches et des puissants ; cela serait inexact. Il est universel et se retrouve dans toutes les classes sociales. Nous sommes tous, à un degré ou un autre, aux prises avec ce mal. Cependant, il y a ceux qui en sont conscients et il y a les autres…

> Une société qui exalte l'individu l'amène à ce qu'il se retourne sur lui-même et à ce qu'il perde une plus grande perspective de la vie.

N'oublions pas que Jésus savait à qui il s'adressait. Il y avait la foule, mais il y avait aussi les pharisiens. Eux n'étaient pas pauvres d'esprit. Ils faisaient partie des personnes les mieux considérées et les plus en vue de leur époque tant sur le plan religieux que sur le plan intellectuel et social. Ils avaient tout et ils savaient tout. On ne pouvait rien leur apprendre et bien sûr, ils n'avaient rien à apprendre de Jésus. Au contraire, ses enseignements les agaçaient à un point tel qu'ils voulurent le faire taire de façon définitive. Après avoir maintes et maintes fois tenté de le prendre à parti sans succès, ils complotèrent son assassinat et parvinrent à leurs fins.

Scott Peck, dans son livre « Les gens du mensonge » mentionne que : « Les pauvres d'esprit ne font pas le mal. Le mal n'est pas le lot de ceux qui ne se sentent pas sûrs de leur droiture, qui s'interrogent sur leurs propres motifs, qui ont peur de se trahir eux-mêmes. Dans ce monde, ce sont les riches d'esprit qui commettent le mal, nos pharisiens modernes qui se croient sans péché parce qu'ils refusent de se livrer à un examen de conscience sérieux. »[15] Cette description dépeint fort bien l'attitude qui anime les personnes orgueilleuses.

Lorsque, en entretien thérapeutique, nous rencontrons ces êtres imbus d'eux-mêmes, nous savons à chaque fois que la route vers le rétablissement sera longue et ardue, et que les possibilités de résultats seront minces. Il leur manque cette humilité du cœur qui crée l'ouverture nécessaire au changement. Quelqu'un a dit, à juste titre, que l'orgueilleux aime mieux se perdre que de demander son chemin. Bien souvent, ils gâchent leur vie et celle de tous ceux qui les entourent sans réaliser et sans admettre qu'ils en sont responsables. Mais tout cela ne constitue qu'un masque pour cacher leur réelle incapacité à se regarder eux-mêmes et à reconnaître leurs faiblesses, leurs manquements et leurs difficultés. Ils ne peuvent changer parce qu'ils ne sont pas disponibles au changement qui constitue pour eux une menace et mènerait au constat trop douloureux qu'ils sont peut-être en faute. Ce qui crée leur propre malheur, à l'origine, est leur refus de se voir tels qu'ils sont, plus pauvres qu'ils ne le sont en réalité.

Le bonheur leur échappe parce qu'ils ne réalisent pas qu'ils ne possèdent pas tout ce qu'il faut. Ils ne voient pas leurs limites ni leurs incapacités. L'essence de cette première béatitude est merveilleusement illustrée par la condition des personnes dépendantes lorsqu'elles doivent composer avec la première des douze étapes des Alcooliques Anonymes : Nous avons réalisé que nous étions impuissants devant l'alcool et que nous avons perdu la maîtrise de nos vies.[16] Les alcooliques anonymes, et par la suite tous ceux aux prises avec les dépendances les plus diverses qui utilisent les douze étapes, ont compris que leur rétablissement résultait de la reconnaissance de leur impuissance et que cette reconnaissance permettait l'ouverture nécessaire à recevoir l'aide de plus grand que soi. Il est étonnant de découvrir que les auteurs de cette méthode révolutionnaire se sont justement inspirés du sermon sur la montagne et des béatitudes en particulier.

Jésus disait à tous ces gens dispersés dans cette foule désabusée que s'ils demeuraient humbles et simples de cœur, ils s'ouvraient ainsi à un univers de possibilités en laissant tout l'espace à Dieu pour qu'il puisse agir dans leur vie. En fait, ils devaient découvrir, tout comme nous le devons nous-mêmes à notre époque moderne, que le bonheur est possible :

- Lorsque nous reconnaissons notre besoin et osons demander l'aide nécessaire.
- Lorsque nous reconnaissons que nous n'avons pas en nous tous les attributs nécessaires et que nous nous tournons vers Dieu.
- Lorsque nous reconnaissons nos lacunes et les avouons.

- Lorsque nous reconnaissons que nous ne savons pas tout et que nous nous ouvrons à la connaissance et à la sagesse.

Le bonheur que propose cette première béatitude s'oppose à celui que présente ce monde qui nous entoure. Ce monde nous dit que nous sommes capables et que nous n'avons besoin de personne. Jésus nous dit qu'il réserve le royaume des cieux à ceux qui réalisent leur condition et se tournent vers lui.

Un royaume pour les pauvres

Il y a tout au long des béatitudes un tas de paradoxes, tous plus fascinants les uns que les autres. L'un de ceux-ci est que Dieu offre littéralement un « royaume » à ceux qui sont pauvres. Étonnant ! Extravagant ! J'appelle cela la douce revanche des démunis de ce monde. Un royaume est accessible pour eux et ce, malgré parfois des conditions de départ dans la vie qui sont limitées ou encore en dépit d'un état bien réel de dénuement. Les pauvres deviennent riches.

> Jésus ne parle donc pas d'un bonheur dans l'au-delà, d'une espérance lointaine, mais davantage d'un bonheur qui est accessible dès à présent.

Mais encore une fois, qu'est-ce que Jésus veut dire par l'expression « le royaume des cieux ». Les Juifs de son époque anticipaient, selon les prophéties de l'Ancien Testament, l'établissement du royaume de Dieu sur terre. En utilisant cette expression, Jésus captait l'intérêt de ses auditeurs qui demeuraient dans une attente fervente de l'accomplissement de cette promesse. Bien sûr, le Nouveau Testament reprend, en certaines occasions, cette notion de royaume futur rattaché au retour et au règne à venir de Jésus-Christ. Mais, en plusieurs autres circonstances, comme c'est le cas dans cette première béatitude, le royaume dont il est question propose un ensemble de bénédictions résultant du règne de Dieu dans la vie du croyant. Dans ce texte biblique, le temps du verbe est au présent et suggère que, pour ceux qui cultivent la simplicité, l'ouverture et la pauvreté en esprit, un royaume est d'ores et déjà accessible, disponible. Il ne s'agit pas d'un royaume extérieur fait de richesses et de biens matériels, de pouvoir ou de gloire, mais d'un royaume intérieur où règnent la joie, la sérénité et la tranquillité d'esprit.

Jésus ne parle donc pas d'un bonheur dans l'au-delà, d'une espérance lointaine, mais davantage d'un bonheur qui est accessible dès à présent. L'apôtre Paul avait bien saisi cette notion lorsque plus tard, il affirma que « ...le royaume de Dieu, c'est la justice, la joie et la paix par le St-Esprit ».[17] Le royaume des cieux fait donc référence à l'actualisation de l'œuvre de Dieu dans notre vie et ce, avec les bénédictions qui en découlent. Les gens humbles et bien disposés permettent à Dieu de régner dans leur vie et de faire l'œuvre qu'il désire. Ils en retirent des bénéfices sur tous les plans. C'est cette reconnaissance de leur pauvreté spirituelle qui ouvre la voie à la recherche et à la découverte de Dieu, et leur permet d'expérimenter sa présence bienheureuse.

Un bonheur réaliste

Nous entendons souvent l'expression « *les gens heureux n'ont pas d'histoire* ». Bien sûr cela est faux. Les gens heureux comme les malheureux possèdent une histoire bien à eux. Chez les gens heureux, elle n'a rien de compliqué et elle ne fait pas la manchette des journaux parce qu'elle est trop simple. Ce sont les gens malheureux qui font la nouvelle, car leur histoire est constituée de toute une série de déboires complexes qu'ils tentent souvent de justifier. S'ils sont victimes de quelqu'un, il s'agit bien souvent d'eux-mêmes. Un peu d'ouverture pourrait faire une telle différence !

Le bonheur est possible si nous changeons notre perspective de la vie et surtout de la foi. Lorsque Jésus s'adressait aux foules de son époque, il savait qu'il avait affaire à des personnes extrêmement religieuses et ferventes, mais dont la foi était peu épanouie et souvent chaotique. Malgré cela, il s'intéressait tout de même à elles parce qu'ils les aimaient profondément. Il avait à cœur leur bien-être et leur bonheur. C'est pour cela qu'il leur a proposé un chemin bien différent de celui que le monde religieux ou séculier leur présentait. Aujourd'hui, il fait de même pour chacun d'entre nous. La première béatitude est en fait la première étape sur le chemin du bonheur.

3

Le chemin du BONHEUR passe par la SOUFFRANCE

« Heureux
ceux qui pleurent,
car ils seront
consolés ! »

Matthieu 5.3
Deuxième Béatitude

*« La plus grande souffrance est de se sentir seul,
sans amour, abandonné de tous. »*

MÈRE THÉRÉSA

Le message central du christianisme est résumé de façon très simple et très succincte dans un des versets les plus cités de la Bible : Jean 3.16. Ce verset mentionne que « *Dieu a tellement aimé le monde qu'il a donné son Fils unique, afin que quiconque croit en lui ne périsse point, mais qu'il ait la vie éternelle* ». Il est donc très clair que Jésus est venu sur terre, envoyé de Dieu, pour apporter la vie. Il n'était pas sans savoir qu'il pénétrerait dans un univers marqué par l'hostilité et la suspicion, mais aussi par la souffrance, le désespoir, la révolte et les tourments les plus horribles. Il était conscient qu'il rencontrerait les hommes dans leur condition réelle et souvent dans le pire que ces conditions peuvent engendrer. La venue de Jésus sur terre est la démonstration évidente que Dieu « souffrait » de voir les hommes ainsi malheureux. Aussi, si vous me permettez de le dire ainsi, Jésus n'est pas venu les mains vides. Ce n'était pas une visite exploratoire et touristique, mais salvatrice et rédemptrice. Il venait donner sa vie pour que les hommes aient la vie. Et ce n'est pas tout. Il apportait aussi autre chose de précieux, la bénédiction du ciel : les béatitudes. Dieu descendait vers les hommes pour les bénir. Voyant leur état, Dieu savait qu'il devait y apporter quelque chose d'en haut. C'était bien évident que les hommes seuls ne parvenaient pas et ne parviendraient pas à trouver le véritable bonheur malgré leur quête intentionnée et incessante.

Mais Dieu ne donne pas un bonheur gratuit, bon marché et sans participation de la part de celui qui le reçoit. Il agit davantage comme un médecin le fait avec une prescription médicale ou une ordonnance. Par exemple, chacune des huit béatitudes procède du même principe. Elles présentent une disposition à remplir et un résultat à obtenir, un état à atteindre et l'effet qui en découle. Pour découvrir le chemin du bonheur, il faut donc pouvoir comprendre l'état et la condition recherchée pour en obtenir les résultats attendus. Voilà pourquoi à chacune des béatitudes que Jésus énonce sont rattachées, à la fois une promesse et une bénédiction : Dieu bénit les hommes en leur montrant comment être bénis.

Une bénédiction et une joie

Le mot heureux que l'on retrouve au début de chacune des béatitudes est traduit avec justesse dans la plupart des versions anglaises[18] par le mot « *blessed* » : béni ! Ce terme rejoint davantage le sens rendu par le terme grec *makarios*, utilisé dans le Nouveau Testament. L'adjectif *makarios* a des origines très intéressantes. Il provient de *makar*, un mot servant à décrire ce qui appartient aux dieux par opposition aux mortels. C'est une qualité divine marquant le fait que les dieux sont bénis. Dans la pensée grecque, les dieux ne sont pas astreints à la condition des mortels qui sont inférieurs et soumis à la pauvreté ou la mort. Leur condition de dieux fait d'eux des êtres bénis.

William Barclay[19], théologien écossais, mentionne par exemple que les grecs appelaient l'île de Chypre *Makaria*, l'île du bonheur, car celle-ci était tellement charmante, riche et fertile que personne n'éprouvait pas le besoin ni le désir de la quitter pour trouver le bonheur parfait. L'île, de par son climat, sa végétation luxuriante, la beauté de ses paysages et ses multiples richesses naturelles, recelait de tout ce qui était nécessaire à la félicité de ses habitants. Elle était bénie des « dieux ».

Makarios est donc un mot utilisé dans le langage populaire pour décrire la condition de quelqu'un qui est « béni de Dieu ». En reprenant ce terme, les écrivains du Nouveau Testament savaient que les gens associeraient les béatitudes à quelque chose hors de l'ordinaire et qui ne peut être obtenu que par Dieu. Dieu en est lui-même le seul bienfaiteur. Il est celui qui bénit et donne le bonheur. Un bonheur provenant, non de bénédictions extérieures, mais généré de l'intérieur. La qualité de la condition intérieure des hommes est ainsi déterminée par la présence et l'action d'un Dieu vivant en eux qui réaménage leur vie intérieure en les rendant « bien et heureux ». Le mot *makarios* décrit aussi la joie unique que procure le bonheur. Une joie pleine de sérénité, immuable, indépendante des variations extérieures. Ce courant bienfaisant, vivifiant qui stimule et anime notre âme et grise notre cœur. Un sentiment de plénitude et de complétude qui réunit notre âme à sa source originelle, Dieu lui-même.

Évidemment, « ce bonheur » est en contraste avec la définition populaire qui en est faite. En effet, le mot bonheur vient de la conjonction des mots « bon » et « heure » comme dans l'expression « à la bonne heure ». Sous cet abord, le mot bonheur évoque davantage la notion de chance et de hasard. Quelque chose que l'on trouve et que l'on perd sans trop comprendre. Mais comme les béatitudes le proposent, il dépasse la chance, transcende les circonstances de la vie, prédomine sur la douleur, la souffrance, les larmes et les déceptions.

Il est celui qui bénit et donne le bonheur.

Les béatitudes constituent donc le bonheur de Dieu, à la manière de Dieu. Elles offrent une description de la qualité de la vie du véritable croyant. Celui dont la vie est bénie. Le bonheur pour celui qui croit en Dieu ne provient donc pas des aléas de la bonne fortune ou des circonstances favorables. Il provient de la bénédiction de Dieu résultant de l'ajustement de sa vie intérieure.

Lorsqu'une personne ne vit pas ce bonheur que Dieu lui offre, elle doit chercher et rechercher ce qui, en elle, empêche la pleine manifestation de cette bénédiction.

Heureux ceux qui pleurent ?

À première vue, il peut sembler invraisemblable d'associer les larmes au bonheur, la souffrance au bien-être. La plupart des gens n'aiment pas pleurer, encore moins souffrir. De quoi est-il question ici ? De masochisme ? De mortification maladive ? En quoi ceux qui pleurent peuvent-ils être heureux ?

Il n'y a pas d'explications faciles à l'apparente contradiction de cette deuxième béatitude, tout comme il n'y pas de réponses simples aux questions que soulève la présence de la souffrance dans ce monde. En fait, il y a plus ici que le simple fait de pleurer pour pleurer. Jésus connaît les besoins de la foule à laquelle il s'adresse et il s'ouvre à elle, proposant non pas un évangile magique mais une bonne nouvelle basée sur la réalité de la vie. Quand Jésus dit : « *Heureux ceux qui pleurent…* », il valide leur souffrance. Il leur dit qu'il voit et comprend leur douleur, qu'il ne la nie pas et n'évite pas la question. Il la devance en disant que le bonheur est aussi possible pour ceux qui souffrent. Loin de dire que c'est anormal de souffrir ou qu'ils ne devraient jamais souffrir, il expose que la vie est difficile, parfois cruelle et que le bonheur n'est pas l'absence de douleur et de désarroi. Au contraire, il leur assure qu'il y a toujours moyen de transcender les maux et d'être heureux malgré tout.

Le grand mensonge de la vie moderne consiste à nous faire croire que nous nous devons d'être constamment heureux et épanouis et que, dans le cas contraire, nous ne sommes pas normaux. Le corollaire de cette tendance est de penser que toute souffrance est mauvaise. Beaucoup de souffrances et de douleurs sur cette terre font partie du déroulement de la vie normale. Comme parents, nous aimerions garder nos enfants tout-petits et les préserver ainsi de ce monde trop souvent hostile qui nous entoure. Mais, cette façon de faire n'allègerait que temporairement notre peine et ce serait leur faire du mal que d'empêcher ainsi leur croissance naturelle. De même, il y a une souffrance inévitable dans le fait d'aimer et d'être aimé. Lorsqu'on est profondément attaché à un être cher, la simple pensée de le perdre génère une souffrance. Comment se prémunir de cela sinon en refusant l'amour et en souffrant encore davantage de ne pas aimer et de ne pas être aimé ? Montaigne a dit : « *Qui craint de souffrir, souffre déjà ce qu'il a craint* ».[20] Il avait raison puisque bien des douleurs et des moments pénibles proviennent de notre incapacité ou de notre refus d'affronter les difficultés que la vie nous apporte. Scott Peck rappelle avec justesse que « certains de nos meilleurs moments dans la vie surviennent lorsque nous nous sentons profondément inconfortables, vides et malheureux. C'est dans ces moments, propulsés par notre malaise, que nous sortons de nos ornières et que nous partons à la recherche de solutions et de véritables réponses ».[21]

Le refus de mettre un terme à une souffrance personnelle inutile ne relève pas de la vertu mais davantage de la névrose.

Bonne ou mauvaise souffrance ?

On est souvent porté à croire que la souffrance est inutile. La réalité est tout autre. C'est justement notre malheur et notre mal-être qui nous poussent à faire les correctifs et les ajustements nécessaires pour retrouver le bonheur que nous cherchons. Notre quête, lorsqu'elle est consciemment assumée, devient une stratégie de renouvellement et de transformation.

Mais, la question se pose : est-ce que toutes les souffrances se valent ? N'y a-t-il pas de souffrances inutiles ? Je crois qu'il existe deux types de souffrances : celle qui est légitime et celle qui ne l'est pas. Malgré le fait que toute souffrance puisse être porteuse de

« leçons » et que « ce qui blesse instruit »[22], certaines me paraissent inutiles. Pour moi, une souffrance illégitime est celle qui n'est pas justifiée ni nécessaire. Je rencontre des gens par exemple qui endurent leurs maux de tête parce qu'ils ne croient pas aux médicaments (comme si c'était une religion). Le refus de mettre un terme à une souffrance personnelle inutile ne relève pas de la vertu mais davantage de la névrose. Quelle est l'avantage de supporter pendant huit heures une migraine ou des maux de têtes sans vouloir prendre d'analgésiques ?

Voici un autre exemple. Je reçois beaucoup de couples qui tolèrent un mariage malheureux sans jamais tenter de dénouer les conflits qui les minent. Ils sont convaincus que c'est leur destin et que le mariage, c'est ça. Ils passent ainsi à côté de la joie d'une union heureuse et épanouie. D'autres provoquent la déchirure affreuse qu'engendre un divorce sans avoir sérieusement essayé de résoudre leurs difficultés. Ils fuient une certaine souffrance en en créant une plus grande tant pour eux que pour ceux qu'ils laissent en arrière. Lorsque nous réalisons cela, nous comprenons alors que beaucoup de maux et de problèmes dans ce monde pourraient être évités et résolus.

Toutefois, il existe une seconde souffrance que je qualifie de légitime. Légitime, non pas dans le sens où elle est méritée, mais où elle fait partie inhérente des fondements de la vie. Dans ce cas on ne peut la nier, ni l'éviter, mais seulement apprendre à composer adéquatement avec elle. Cette souffrance légitime s'inscrit aussi dans notre propre histoire personnelle et fait partie, cette fois-ci, des fondements de notre propre vie. Elle prend sa source dans nos malheurs personnels : blessures de l'enfance, perte d'un être cher, déceptions, échecs, rejet ou abandon, etc. Elle est inéluctable et ne doit pas être esquivée. Le problème vient justement du fait que bien des gens évitent une souffrance légitime et se retrouvent ainsi perdus et prisonniers dans un labyrinthe d'évitements qui les fait souffrir encore davantage.

Laissez-moi partager avec vous un exemple de ma vie personnelle. À l'âge de huit ans, j'ai perdu mon père atteint d'un cancer foudroyant qui a pris toute la famille par surprise. Il est décédé après une courte hospitalisation de trois semaines à peine. J'ai vécu le deuil associé à cette perte près de vingt années plus tard. J'ai donc passé tout ce temps à éviter, parfois consciemment parfois inconsciemment, un deuil nécessaire. L'évitement de cette souffrance légitime m'a amené à vivre toutes sortes de déboires extérieurs et des tourments intérieurs que je qualifie de non nécessaires et qui m'ont causé davantage de douleur. Si j'avais souffert ce que j'avais légitimement à souffrir je n'aurais pas eu à souffrir ce que je n'avais pas à souffrir (sic). Une souffrance évitée demeure emprisonnée à l'intérieur de soi, se reproduit et se multiplie, obscurcit et embrouille la vie.

Le bonheur est dans les larmes

Avez-vous déjà remarqué comment les enfants réagissent aux déceptions ? Je me souviens de l'épisode de la vie de l'un de mes fils où, tout-petit, il avait été frappé « durement et cruellement » et rejeté par la « méchante » petite voisine. Il revint à la maison en larmes, inconsolable face à ce grand drame. Après des sanglots qui durèrent le temps interminable d'une bonne quinzaine de minutes, celui-ci se calma et retourna jouer. Quelle ne fut pas ma surprise de découvrir, à peine une heure plus tard, qu'il était retourné s'amuser avec la même petite fille, calme, serein, paisible comme s'il ne s'était jamais rien passé !

Une souffrance évitée demeure emprisonnée à l'intérieur de soi, se reproduit et se multiplie, obscurcit et embrouille la vie.

Quelle leçon pouvons-nous tirer de cet exemple ? La réponse est simple : les enfants savent naturellement mieux souffrir que les adultes. La décharge d'émotions de ces tout-petits empêche le refoulement dommageable si commun aux adultes et allège la douleur. Nous, plus âgés, contenons, réprimons, refoulons et repoussons nos larmes en croyant que nous sommes forts quand en fait, nous prolongeons ainsi, de façon interminable, nos souffrances.

Jésus a bien dit : « Heureux ceux qui pleurent… ». Le terme pleurer que l'on trouve dans ce texte signifie bien plus que verser des larmes. Il décrit l'action de quelqu'un qui mène un deuil, qui est affligé. Il dépeint l'état de l'âme languissante qui souffre de la perte d'un être cher. Le terme suggère des pleurs et des larmes qu'on ne peut contenir, une douleur que l'on ne peut cacher. Heureux l'homme qui pleure comme on pleure la perte de quelqu'un que l'on aime profondément. Pleurer, dans ce sens, constitue l'action de décharger son cœur de la douleur et de la souffrance que l'on traîne pour renouveler l'espoir dont on a besoin. Certains objecteront en disant que pleurer ne change rien et n'annule pas les événements malencontreux qui ont pu survenir. Les larmes et les pleurs n'effacent pas le passé, ne modifient pas le cours des choses et ne ramènent pas ceux que nous avons perdus. Tout cela est vrai. Mais elles transforment les personnes qui vivent au milieu de ces mêmes circonstances.

Maurice Chapelan, écrivain français, a dit à juste titre que quelqu'un qui ne pleure pas est tout plein de larmes[23]. Voilà la réalité bien nommée. Les gens qui ne pleurent pas sont remplis de chagrins réprimés qui finissent par endurcir le cœur et miner leur vie et celle de ceux qui les entourent. Ils ne comprennent pas que les larmes ont l'effet d'un baume sur une meurtrissure asséchée et empêchent le cœur ainsi de s'endurcir. Les larmes nettoient les plaies du cœur et favorisent sa guérison. On se refuse à pleurer bien plus par orgueil et par peur que par la conviction que les larmes ne peuvent rien changer. L'ecclésiaste, écrivain de l'Ancien Testament, a observé très justement :

Les larmes nettoient les plaies du cœur et favorisent sa guérison.

> *« Il y a un temps pour tout, un temps pour toute chose sous les cieux : un temps pour naître, et un temps pour mourir ; un temps pour planter, et un temps pour arracher [...] un temps pour pleurer, et un temps pour rire ; un temps pour se lamenter, et un temps pour danser... »*[24]

Prenez donc quelques instants, au moment même où vous lisez ces lignes, et que peut-être quelques souvenirs douloureux remontent à la surface, pour simplement vous laissez aller et déchargez votre cœur de ce fardeau si lourd. Donnez-vous l'occasion d'expérimenter le soulagement et le changement occasionnés par l'épanchement de votre chagrin. Bien plus, donnez donc une occasion à Dieu de se révéler à vous et de toucher votre cœur endolori. N'oubliez pas, il y a un temps pour pleurer...

Faire le deuil

Dans le livre de l'Ancien Testament, « Les Lamentations », le prophète Jérémie décrit de sa plume, la souffrance et la douleur que celui-ci éprouve face à la destruction de Jérusalem. Dans la citation ci-haut, l'ecclésiaste utilise le verbe « se lamenter ». Cela fait souvent bondir les gens. Se lamenter a une résonnance tellement péjorative dans ce monde moderne, performant où les forts ne pleurent jamais. Nous avons tous en tête l'image de ces héros hollywoodiens qui ne bronchent jamais, qui ne s'effondrent pas sous la douleur, qui ne pleurent pas. Ce qui est malheureux est que l'on associe trop souvent le fait de se lamenter à la faiblesse, à l'action de s'apitoyer sur son sort afin d'éveiller la pitié des autres. Ce n'est pas là le sens évoqué ici. Il est parlé plutôt de pleurer ce que nous avons à pleurer afin que, déchargé du fardeau de la douleur, nous puissions repartir vers des jours meilleurs.

Les lamentations tiennent davantage d'un deuil sainement vécu que de l'apitoiement « sur son pauvre sort ». Un deuil bien vécu consiste à délaisser, parfois péniblement, ces choses passées perdues afin de repartir pour bâtir l'avenir. Faire le deuil consiste à larguer les amarres et se détacher du quai de nos déceptions pour voguer vers de nouvelles opportunités. D'une façon ou d'une autre, la vie est une succession de deuils à faire. Sur le passé. Sur les rêves brisés et les espoirs déçus. Sur des bonheurs perdus et des occasions manquées. Sur les échecs et les déboires. Ce sont des occasions de réflexions et de bilans qui vont nous aider à nous repositionner sur le chemin de la vie et du bonheur. « *Au jour du bonheur, jouis du bonheur et au jour du malheur, réfléchis....* »[25] dit encore une fois l'ecclésiaste.

La souffrance ouvre ou referme le cœur. Pour celui pour qui elle l'ouvre, elle devient une source de transformation. Elle nous révèle qui nous sommes, ce que nous faisons, ce qui ne marche pas, ce que nous devrions changer. Ce dont il faut constamment se rappeler c'est que les bénéfices de la souffrance durent plus longtemps que la douleur elle-même.

Consolations...

Il y a plusieurs années, parut sur le marché un livre au titre percutant, « When bad things happen to good people »[26] (Traduction libre : Pourquoi les malheurs arrivent aux gens de bien ?). L'auteur, le rabbin Harold Kushner, tente à partir d'une tragédie personnelle, la perte de son fils, de trouver une explication au fait que les bonnes gens paraissent subir des tragédies et des souffrances qui semblent épargner les mauvaises. C'est la légendaire et séculaire question de la vie qui s'avère si souvent bien injuste. La réalité est évidemment tout autre et les drames n'épargnent personne. Mais cette question demeure celle qui nous obnibule le plus lorsque nous sommes durement éprouvés et que la vie nous semble trop difficile. Toutefois, les véritables questions que l'on doit se poser sont davantage les suivantes : qu'arrive-t-il aux gens biens lorsque survient un malheur ? La réponse donnée par cette béatitude : ils sont consolés ! Et qu'arrive-t-il lorsqu'ils sont consolés ? Ils deviennent des gens encore meilleurs qui, à leur tour, deviennent des consolateurs pour d'autres.

Le verbe « consoler » que l'on retrouve dans ce texte signifie beaucoup plus qu'alléger quelqu'un de son chagrin. Il s'agit davantage de l'accompagner dans sa douleur, de l'encourager, de le réconforter. Il possède un sens de soutien dans le fait d'aider la personne à poursuivre sa route, à ne pas lâcher. C'est donc l'action de quelqu'un qui se tient à côté d'une personne pour l'aider et l'encourager.

La notion de consolation est omniprésente tout au long du Nouveau Testament et précieuse au cœur de la jeune Église chrétienne naissante puisque celle-ci était confrontée à beaucoup de souffrances et de persécutions. L'histoire du christianisme confronté à la puissance de l'empire romain en témoigne largement. La consolation était donc au cœur de la vie des croyants et faisait partie de leurs mœurs. Ils savaient fort bien que la vraie force de l'âme n'était pas dans l'illusion que rien ne nous affecte, mais davantage dans le partage et le soutien. Ils avaient appris à porter les fardeaux les uns des autres car ils savaient qu'ils accomplissaient ainsi la loi de Christ[27]. Ils avaient compris que la consolation était le seul antidote aux larmes et à la souffrance omniprésente. Ils étaient conscients aussi que le Dieu qu'ils suivaient et servaient n'était pas une divinité tyrannique et intransigeante mais « ...un père de miséricordes et le Dieu de toute consolation, qui nous console dans toutes nos afflictions, afin que, par la consolation dont nous sommes l'objet de sa part, nous puissions consoler ceux qui se trouvent dans l'affliction ! »[28]

Dieu prend une part active à notre consolation parce qu'il connaît et comprend notre douleur. Je me dis souvent que Dieu a inventé la consolation parce que c'est le seul traitement qu'il peut dispenser dans certaines circonstances malheureuses. Tous les enfants de la terre savent que rien ne guérit autant les maux que les tendres bras et le cœur chaleureux d'une maman qui console.

Un merveilleux malheur

J'ai emprunté le titre de la conclusion de cette deuxième béatitude au neuropsychiatre et éthologue français Boris Cyrulnik[29]. Ce dernier, spécialiste mondial de la résilience, a fait la démonstration, à partir de recherches autant que de récits de vies démolies, que les hommes peuvent rebondir, tel un ressort, pour reprendre en main leur existence. Des enfants abusés aux victimes des camps de concentration, des témoins de la guerre aux opprimés de tout acabit, des cœurs en miettes aux orphelins de ce monde, le message qu'il propose rejoint celui des béatitudes et proclame la même chose, c'est que le bonheur est possible malgré le malheur. Le malheur n'est jamais fatal quelle que soit la charge de souffrances. Il n'est pas final puisqu'il y a une vie après le malheur. Ceux qui ont souffert et qui ont triomphé pourront vous le dire.

> Ils avaient compris que la consolation était le seul antidote aux larmes et à la souffrance omniprésente.

Au moment où j'écris ces lignes, je pense à cette rencontre que j'ai eue il y a plusieurs années avec Monique Lépine. Ce nom ne résonne peut-être pas pour beaucoup en dehors du Québec et du Canada. Monique Lépine est la mère de Marc Lépine, un jeune homme qui a assassiné froidement quatorze jeunes filles à l'École Polytechnique de l'Université de Montréal le six décembre mille neuf cent quatre-vingt-neuf. Cette tuerie a fortement marqué la société québécoise et restera gravée à jamais dans la mémoire de tout un peuple. Sans aller dans les détails de cette tragédie, il demeure difficile de s'imaginer comment le cœur d'une mère peut être ébranlé par un événement aussi sordide et dont le propre fils est l'auteur. Non seulement c'est un meurtrier, mais en plus il s'est donné lui-même la mort. Quelques années plus tard, la sœur de ce jeune homme mettra fin aussi à ses jours. Que dire à une mère affligée dans ces moments si douloureux face à la perte de ses deux enfants ? Comment dénouer la souffrance, la honte ? Comment effacer les stigmates d'une plaie aussi profonde ? Comment générer l'espoir et croire au bonheur suite à un si grand malheur ? La réponse à toutes ces questions n'a rien de simple. Monique Lépine dirait elle-même qu'elle pensait mourir de chagrin. MOURIR DE CHAGRIN… comme un cœur qui s'arrête de battre par trop de douleurs accumulées.

Cependant, si vous croisez cette dame aujourd'hui vous remarquerez qu'elle est méconnaissable. Elle rayonne d'une sérénité que la souffrance a seulement poli. Celle qui, à un moment sombre et critique de son existence ne croyait plus le bonheur possible vous dira qu'elle a puisé consolation et guérison dans les béatitudes. Lorsque je pense à elle, je ne peux que me remémorer les conseils pleins de promesses dans la Bible qu'un ami faisait à Job, le plus malheureux des malheureux de ce monde :

> « *Mais toi, si tu as recours à Dieu, si tu implores le Tout-Puissant ; si tu es juste et droit, certainement alors il veillera sur toi, et rendra le bonheur à ton innocente demeure ; ton ancienne prospérité semblera peu de chose, celle qui t'est réservée sera bien plus grande.*[30]»

Le chemin du bonheur passe inévitablement par la souffrance. Bien des gens aimeraient ne pas avoir à franchir cette étape ; elle est trop souvent perçue comme quelque chose à éviter plus que comme quelque chose avec laquelle il faut composer. Jésus n'a pas nié la souffrance et ne l'a pas évitée pour lui-même. Il l'a intégrée à l'expérience humaine comme une dimension inévitable. Celui ou celle qui sait percevoir le bénéfice unique que la souffrance peut lui apporter s'en fait une amie. N'ayez pas peur de la souffrance, osez la regarder en face, osez l'affronter afin d'aller vers des rivages plus sereins. Le soleil est toujours plus radieux après la pluie. La joie est plus sereine après des temps de tristesse et on apprécie davantage le bonheur lorsque l'on a connu le malheur.

4

Le chemin du BONHEUR passe par la SOUPLESSE

« Heureux
ceux qui
sont doux,
car ils hériteront
de la terre ! »

MATTHIEU 5.3
TROISIÈME BÉATITUDE

« La souplesse et la capacité d'adaptation sont des outils indispensables pour faire face aux situations les plus difficiles. »

AUTEUR INCONNU

Quelqu'un a dit que les béatitudes constituaient les « belles attitudes ». Il n'y a probablement pas de meilleures façons que de les présenter en en parlant ainsi. On utilise souvent le mot attitude, dans notre langage de tous les jours, dans des expressions comme « avoir une bonne ou une mauvaise attitude », « changer d'attitude », « avoir une attitude positive ». Mais, il n'est pas aussi facile de définir ce qu'est l'attitude.

Dans son étymologie, le mot « attitude » vient de l'italien, *attitudine*, qui signifie disposition, posture. Il est parfois utilisé pour décrire la posture du corps et la pose que prend un modèle devant l'artiste, qu'il soit peintre, sculpteur ou photographe. Cependant, les érudits vous diront qu'il y a une différence marquée de sens entre posture et attitude. La posture représente un aspect forcé du positionnement, tandis que l'attitude propose une version plus vraie et plus spontanée. L'attitude relève donc davantage d'une disposition intérieure qui finit par se manifester à l'extérieur.

Au fil des siècles, le mot attitude a ainsi évolué des aspects physiques vers des dimensions davantage psychologiques et spirituelles. Il caractérise donc une position mentale, un positionnement intérieur, une disposition d'esprit qui devient le préalable aux réactions et aux conduites que nous avons, aux gestes que nous posons. Par exemple, notre façon de vivre ou d'appréhender le bonheur procède de cela. Voilà donc l'importance de cultiver une « meilleure » attitude sachant que la qualité de notre existence est largement tributaire de nos dispositions intérieures. L'expérience du bonheur tient beaucoup plus de l'attitude que nous adoptons que des circonstances.

Les spécialistes des sciences humaines vous diront que les attitudes se construisent autour de trois composantes distinctes :

- La dimension **cognitive** : l'opinion que nous avons sur ce qui se passe à l'extérieur de nous, les croyances et les convictions que nous entretenons, le tout filtré par nos valeurs personnelles. Par exemple, ce que nous croyons important.
- La dimension **affective** : les émotions, les sentiments, les états d'humeurs que les événements ou les gens suscitent en nous.
- La dimension **comportementale** : nos dispositions à agir et à réagir aux diverses situations qui se présentent.

La plupart des gens sont persuadés qu'ils ne peuvent pas changer ce qu'ils croient, ce qu'ils ressentent et ce qu'ils font. Ils sont constamment dans un état de frustration et de passivité, de mécontentement ou d'impuissance, se laissant aller ainsi à une certaine fatalité. Celui qui apprend à cultiver une bonne attitude se préoccupe de sa façon de penser, de ce qu'il nourrit à l'intérieur de lui. Il prend soin de sa vie émotionnelle et s'assure de ne pas cultiver des émotions sombres comme le ressentiment, la haine, la jalousie, le mépris, etc. Bien plus, il apprend à bien se comporter sachant que ses faits et gestes auront finalement une influence sur ce qu'il est.

Souvent, nous blâmons les autres, nos parents, le passé, la vie même pour ce qui nous arrive ou pour ce que nous n'avons pas eu, quand en fait, c'est notre attitude qui fait défaut. Il y a près de cent ans, William James[31] avait compris cela lorsqu'il déclarait : « *La plus grande découverte de notre génération est que les êtres humains peuvent changer le déroulement de leur vie en changeant leur attitude, leur état d'esprit* ». C'est en changeant à l'intérieur que l'on change ses conditions extérieures. Le processus du changement, tout comme de l'atteinte du bonheur espéré, procède du réaménagement de la vie intérieure, du développement d'attitudes propices au bien-être et à l'épanouissement. Victor Frankl, survivant de l'holocauste, a dit : « *Ceux qui ont vécu dans les camps se souviennent de ces hommes qui allaient de baraques en baraques réconfortant les autres, donnant leur dernier morceau de pain. Ils étaient peu, mais ils sont la démonstration que l'on peut enlever tout à un homme mais que la dernière des libertés humaines est celle de choisir son attitude au sein des circonstances*[32] ».

Optimisme ou pessimisme

Il y a près de deux mille ans, Jésus a dit que « ...l'homme bon tire de bonnes choses de son bon trésor, et l'homme méchant tire de mauvaises choses de son mauvais trésor[33] ». Il décrivait ainsi les attitudes diverses qui animent les gens et la responsabilité de leurs agissements. Ce n'est pas parce qu'il a un bon trésor que l'homme bon en retire de bonnes choses. C'est parce qu'il est lui-même bon avant tout. De même, ce n'est pas parce qu'il a un mauvais trésor que l'homme méchant tire de mauvaises choses. C'est parce qu'il est mauvais. Devenez bon, soyez quelqu'un de bien et vous tirerez le meilleur parti de ce que Dieu a déposé en vous et de ce qu'il a préparé pour vous. Autrement dit, changez d'attitude et vous obtiendrez un résultat différent.

Pour les gens négatifs, tout est négatif. Ils regardent la vie avec des lentilles sombres et croient voir la réalité telle qu'elle est, alors que celle-ci est déformée par leur attitude négative. Au contraire, pour les gens positifs, la vie, malgré ses déboires inévitables, devient une aventure excitante, une succession de défis à relever qui mettent à profit leurs capacités.

- Un optimiste est une personne qui possède une attitude positive devant les événements de la vie.
- Un pessimiste est une personne qui possède une attitude négative devant les mêmes événements de la vie.

Martin Seligman, dans son livre « Learned Optimism », *L'optimiste appris,* mentionne que les pessimistes ont tendance à croire que les événements malheureux vont durer très longtemps, qu'ils vont miner tout ce qu'ils entreprennent et que c'est de leur faute. Les optimistes, confrontés aux mêmes événements, vont plutôt croire que les défaites ne sont qu'un phénomène temporaire et isolé qui parfois survient dans le cours normal de l'existence. Faire face à des situations difficiles ne fait que les mettre au défi et les stimuler à essayer d'aller encore plus loin[34]. Les gens pensent que le pessimisme est indélogeable. Cela est faux. En apprenant à développer de nouvelles attitudes, chacun peut espérer tirer le meilleur de la vie et en apprécier davantage les bénéfices.

Changez d'attitude et vous obtiendrez un résultat différent.

De ce fait, ce qu'on appelle communément une attitude mentale positive n'est en fait qu'une vision ou une disposition intérieure positive devant les obstacles ou les difficultés. Jésus, au travers des béatitudes, nous démontre effectivement que cela amène un résultat bien différent. Presque tout le sermon sur la montagne parle d'adopter une attitude différente :

- Heureux les pauvres en esprit…
- Heureux les doux…
- Heureux les miséricordieux…
- Heureux les cœurs purs…
- Heureux les pacifiques…

Le bonheur ne vient pas de l'extérieur, des choses que l'on doit avoir, mais de l'intérieur, de ce que l'on doit être. Une bonne partie de notre expérience du bonheur est donc rattachée à notre attitude. Beaucoup ne seront jamais heureux même dans les meilleures circonstances possibles. Le bonheur leur échappe malgré le fait qu'ils soient entourés de gens extraordinaires, qu'ils possèdent un bon travail, qu'ils soient très doués, simplement parce qu'ils n'ont pas une bonne disposition de cœur.

D'autres au contraire, mènent une vie relativement épanouie malgré des conditions difficiles, des contraintes physiques et des circonstances malencontreuses parce qu'ils ont appris justement à maintenir une bonne attitude. Il ne faut jamais oublier que le bonheur est, avant tout, un état intérieur qui se manifeste par la suite vers l'extérieur. Les gens qui sont bien dans leur peau le seront de manière manifeste à l'extérieur.

Les attitudes sont à cultiver chaque jour. Les béatitudes apportent ce changement en ce qu'elles nous offrent la possibilité de développer de « belles attitudes » et d'en retirer de magnifiques bénédictions.

Douceur et souplesse

Jésus a dit « heureux les doux… ». Le terme doux utilisé dans cette troisième béatitude provient du mot grec *prautes* qui décrit l'état d'une personne bien disposée, souple, sensible, douce. C'est un terme difficile à traduire pour rendre son équivalent en français et, la plupart du temps, sa signification varie en fonction de l'usage que l'on en fait. Il est, par exemple, employé par :

- les médecins pour décrire les propriétés médicinales et calmantes d'un remède ;
- les marins pour décrire une douce brise sur la mer ;
- les éleveurs pour décrire un cheval sauvage et fougueux qui a dû être dompté.

Le mot « doux » a aussi le sens de souplesse, de flexibilité, de malléabilité. C'est l'état de quelqu'un qui est conciliant, patient et capable de maîtrise de soi. Jésus use de ce terme dans les béatitudes comme d'un ingrédient essentiel au bonheur. Heureux ceux dont le cœur est souple car ils sont capables de s'ajuster aux changements constants qui surviennent. Ils sillonnent les « mers » avec aisance, évitant les écueils qui jonchent immanquablement leur parcours. Rien ne sert de perdre une énergie folle à contester la réalité, à maudire le monde, la vie, la société, à en vouloir à Dieu ou à quiconque pour les difficultés inévitables. Ceux qui ont compris cela, ont acquis une capacité d'adaptation hors de l'ordinaire.

Il ne faut jamais oublier que le bonheur est, avant tout, un état intérieur qui se manifeste par la suite vers l'extérieur.

Au contraire, ceux qui sont de nature plus rigide sont empêchés de composer, autant avec les circonstances qu'avec les gens, parce que les deux sont trop imprévisibles. Il leur manque la patience, la flexibilité et la maniabilité nécessaires pour faire face aux bouleversements inévitables de la vie. Helen Keller[35] a connu très jeune les affres de la souffrance et de la frustration devant des obstacles d'apparence insurmontable. À l'âge de neuf mois, elle fut durement frappée par une maladie infantile inconnue. Elle perdra la vue, l'ouïe et ne pourra que tardivement développer la parole. Après sa rencontre avec une éducatrice, Ann Sullivan, elle réussira à reprendre son développement normal. Elle sera diplômée du Radcliff College, l'équivalent de l'université Harvard pour les femmes, et deviendra la première femme handicapée à obtenir un diplôme. Ce qu'elle dit illustre parfaitement bien la difficulté des gens inflexibles à être heureux. Ils n'ont pas encore compris que « lorsqu'une porte de bonheur se ferme, une autre s'ouvre, et que souvent nous passons tellement de temps à regarder celle qui s'est fermée que nous manquons de voir celle qui s'ouvre de nouveau à nous ». Les personnes bornées veulent et cherchent le bonheur là où il n'est pas. Et, malgré l'absence de résultats, elles s'obstinent et s'acharnent sur des situations qui ne pourront jamais changer.

Détrompons-nous, ce n'est pas chose aisée de passer de la rigidité à la souplesse. Je dirais que la plupart du temps c'est une expérience douloureuse mais, ô combien, bénéfique ! Ce que l'on n'apprend pas par la douceur, on l'apprend tôt ou tard et trop souvent par la douleur. Par contre, ceux qui ont su se doter de cette souplesse de cœur sont remplis d'une quiétude et d'une sérénité confiantes, même au travers des événements les plus déstabilisants. Ils sont armés de sang-froid et possèdent une grande sécurité intérieure. Voilà pourquoi ils sont doux, paisibles et heureux.

Ce que la souplesse ne signifie pas

La souplesse n'est pas de la faiblesse. Nous vivons dans un monde qui vénère la force, la puissance et l'autosuffisance. C'est peut-être pour cette raison que la plupart des magnats de ce monde, leaders, politiciens, gens d'affaires ont des réticences envers le christianisme. Ils voient souvent les croyants comme des êtres faibles, religieux, larmoyants et dépendants. Bien que ce soit le cas pour certains, cela n'est aucunement le sens de cette béatitude.

Au contraire, un simple regard sur la vie des personnages, tant de l'Ancien que du Nouveau Testament, nous démontre qu'ils ne faisaient pas dans la dentelle. Moïse est un exemple convaincant de ce qu'est la souplesse. Le livre des Nombres mentionne qu'il était un homme doux et patient[36]. À vrai dire, il n'a pas eu le choix de développer souplesse et flexibilité pour composer avec les aléas de l'épopée incroyable de l'exode. Faire sortir un peuple entier de l'Égypte, qu'on estime probablement à près d'un million de personnes, pour le conduire, durant quarante ans, à travers le désert vers Canaan exige d'être doué de qualités nombreuses et hors pair. Mais la plus grande est nécessairement la capacité d'adaptation.

Il suffit de lire dans le Nouveau Testament les récits de la vie des apôtres Paul, Pierre et Jean, pour ne pas douter qu'ils étaient des hommes souples mais solides. Ils avaient une force de caractère unique qu'ils étaient capables d'allier à une douceur et une tendresse peu communes. L'exemple de Paul est fascinant. D'un tempérament fougueux et emporté avant sa conversion, il devient ensuite un homme patient, mesuré et capable de faire face à quiconque lui pose des questions sur sa foi et son espérance. Qu'il s'agisse d'un compagnon de prison dans une geôle romaine, d'un chef religieux ou de César lui-même, personne n'oserait qualifier Paul d'être frêle et émotionnellement fragile.

La douceur n'est pas non plus synonyme de la mollesse résultant de la peur ou de l'inconsistance. Nous pouvons souvent observer, en les côtoyant d'un peu plus près, que des gens qui semblent doux en apparence, compréhensifs et patients sont au contraire craintifs, passifs et manquent de conviction et de force morale. Réagir en douceur et en souplesse ce n'est pas choisir de battre en retraite ou de s'écraser parce que l'autre paraît plus fort que nous. Il ne s'agit certainement pas d'une échappatoire devant l'intimidation, ni d'une fuite devant l'ampleur d'un problème ou d'une difficulté.

Une nouvelle attitude

Puisque Jésus, le Fils de Dieu, s'adresse ainsi à la foule décrivant et prescrivant ce qu'il faut être et faire pour être heureux, il est de mise de saisir que cette troisième béatitude met, avant tout, en perspective un changement d'attitude envers Dieu. Gardons à l'esprit l'objectif premier de Jésus qui est de faire connaître son Père aux hommes. La vie éternelle, la plénitude de ce que Dieu offre, c'est, disait-il, en priant, « ...qu'ils te connaissent, toi, le seul vrai Dieu, et celui que tu as envoyé, Jésus-Christ[37] ».

Il est étonnant de voir comment les gens réagissent à toute discussion sur Dieu. Ils regimbent, deviennent mal-à-l'aise et commencent à rabâcher les griefs qu'ils ont contre lui. Ils le blâment pour la guerre, la pauvreté, les famines ; l'accusent d'être indirectement coupable des crimes les plus sordides, des abus des enfants jusqu'aux génocides. Dieu se retrouve au banc des accusés sans la possibilité d'une défense juste et équitable. Verdict : il est coupable jusqu'à preuve d'innocence ! Si le simple fait de parler de Dieu soulève ainsi les ardeurs les plus véhémentes, on peut facilement s'imaginer la montée de résistances à la seule pensée que Dieu puisse s'approcher des hommes et qu'eux se confient en lui.

Ces réticences me font penser à la réaction que nous avons à l'idée de laisser notre corps entre les mains d'un chirurgien. Nous savons qu'il est là pour notre bien et pour effectuer une opération chirurgicale qui nous débarrassera de ce qui nous affecte. Mais, en même temps, nous avons énormément d'appréhension à nous abandonner ainsi. Je me dis souvent, ironiquement, que l'anesthésiste ne nous endort pas seulement à cause de la douleur qui serait insupportable, mais aussi à cause des résistances que nous aurions envers le chirurgien. En nous engourdissant ainsi, il est libre de travailler en toute quiétude. Malheureusement, ce n'est pas ainsi que Dieu agit. Il souhaite notre assentiment, notre coopération pour l'œuvre qu'il désire accomplir dans notre vie.

Dans cette perspective, la douceur et la souplesse prennent la forme d'une certaine docilité. Une attitude par laquelle nous acceptons le travail et l'action de Dieu, sans contestation ni constante opposition, parce qu'ils sont bons et bienfaisants pour nous. Celui qui fait confiance à Dieu de cette manière marche en toute quiétude et avec assurance, sachant que celui-ci veut son bien-être et son bonheur. Il se sent libre de s'abandonner et de lui donner toute la latitude nécessaire pour qu'il agisse.

Dans la pensée grecque d'Aristote, il faut comprendre le terme *prautes* en tant que vertu à cultiver et à développer. Le philosophe la décrit comme l'équilibre entre la colère réprimée et celle qui est exprimée sans restriction. Il insiste sur le fait qu'il ne s'agit pas de l'absence de colère ni de sa présence constante, mais de la caractéristique de quelqu'un qui garde son calme, n'est pas dépassé par les événements et qui ne se laisse pas facilement emporter. Ce n'est jamais l'apathie ou l'inertie, ni l'agressivité passive des gens qui grognent et ragent intérieurement tout en donnant l'apparence du contraire. Ceux-là s'empoisonnent eux-mêmes. *Prautes* exprime plutôt la stabilité et la constance d'une personne dans ses émotions. *Prautes*, c'est ce qui tient au centre, en équilibre, c'est la capacité de canaliser sainement cette colère sans débordements, sans excès.

Cette vertu sert aussi à décrire une attitude qui se transpose dans l'univers des relations humaines. Inévitablement, l'expérience du bonheur est liée à la qualité des relations que nous entretenons. Les gens présents dans notre vie peuvent être une immense source joie et de contentement, mais aussi de déceptions. Jean-Paul Sartre disait ironiquement que l'enfer, c'est les autres[38]. Nos enfants, nos amis, nos parents, nos collègues finissent tous par nous décevoir, nous blesser ou nous tourmenter à un moment ou à un autre. L'attitude que nous adoptons alors est pour beaucoup dans l'amélioration ou l'aggravation de toutes ces situations.

Choisir de faire preuve de souplesse envers les autres devient donc vital pour assurer et maintenir l'harmonie. C'est une qualité interpersonnelle animée d'un profond désir de progresser vers une solution lorsque les conflits se présentent à nous. Une extraordinaire capacité de travailler à un compromis lorsqu'il y a des différends qui s'installent peu à peu. Enfin, c'est la motivation d'un cœur bon qui pousse à la conciliation ou la réconciliation lorsqu'il y a rupture.

Je terminerai en disant que la souplesse est une attitude qui doit se développer aussi envers les circonstances de la vie. Peu importe ce qui nous arrive, si nous gardons une attitude flexible, nous pourrons tirer un meilleur parti de toute situation malencontreuse qui peut survenir. Notre réaction aux circonstances défavorables est très révélatrice des croyances et des impressions que nous entretenons au plus profond de nous. Une personne qui s'attarde judicieusement à sa façon de réagir et qui prend conscience de ses attitudes se trouve mieux équipée pour faire face aux situations qui se présentent à elle.

Par contre, les gens frustrés, amers passent souvent à côté des opportunités que la vie leur offre. Ils maudissent les circonstances, ragent, sans réaliser qu'au fond, ce sont eux-mêmes qui rendent leur situation plus compliquée qu'elle ne l'est déjà. Au lieu de canaliser positivement leurs frustrations en occasion de changement, ils sombrent dans l'amertume et le ressentiment. Pendant que tous les râleurs de ce monde conspuent, les personnes souples, quant à elles, travaillent à changer les choses.

Un nouvel héritage

Lorsque Jésus mentionne « ...ils hériteront de la terre », il emprunte cette expression à un psaume de l'Ancien Testament écrit par David. Ce psaume résume dans son entier la philosophie, le principe et le résultat que procure la souplesse. Il compare ce qu'obtiennent (ou n'obtiennent pas) le « malveillant » et l'emporté à ce qu'obtiennent le doux, l'humble et le juste.

> « *Garde le silence devant l'Éternel, et espère en lui ; ne t'irrite pas contre celui qui réussit dans ses voies, contre l'homme qui vient à bout de ses mauvais desseins laisse la colère, abandonne la fureur ; ne t'irrite pas, ce serait mal faire. Car les méchants seront retranchés, et ceux qui espèrent en l'Éternel posséderont le pays.*[39] »

Lorsque Jésus dit « ils hériteront de la terre », il fait allusion à un héritage. Nous avons là, encore une fois, un paradoxe cher aux béatitudes. Si le monde dans lequel nous vivons fait l'éloge de la performance, des accomplissements, des gains de tous les « forts » et puissants qui atteignent les sommets et réalisent de grandes choses, s'ils ont ce qu'ils ont, c'est parce qu'ils l'ont mérité. Ici, tout est différent. Il n'est pas question de gain mais d'héritage, d'un legs ou d'une succession. N'oublions pas que Jésus s'adresse à une foule dont la majorité sont des gens bien ordinaires. Par les mots qu'il utilise, les gens savent qu'il fait appel à un concept rattaché à leur patrimoine religieux, à toutes les promesses de bénédictions que recèlent les écrits de la Torah. En effet, posséder des terres dans l'Ancien Testament est symbole de prospérité et, celui qui est béni de Dieu en a beaucoup.

> Choisir de faire preuve de souplesse envers les autres devient donc vital pour assurer et maintenir l'harmonie.

Bien sûr, il faut comprendre que le sens que revêt cet héritage n'est pas vraiment en premier lieu rattaché à une prospérité matérielle ou financière. Le mot « terre » constitue une métaphore de la vie. Il fait appel à ce que l'homme tire de mieux de son séjour sur terre. Les doux ont plus de chance d'obtenir satisfaction et contentement en raison de leur capacité d'adaptation et de leur souplesse. Les récalcitrants se renfrognent, se durcissent et gâchent leur existence parce qu'ils ne savent pas l'apprécier. Ils se sentent floués et considèrent que la nature leur refuse un dû. Ils nous font penser à ces fermiers qui maudissent une terre trop sèche et trop dure au lieu de faire preuve d'ingéniosité pour l'irriguer et la cultiver.

Dans cette béatitude, l'héritage de la terre est beaucoup plus que cela. C'est un usage d'ailleurs encore bien répandu dans beaucoup de cultures et qui a trait à la transmission, de génération en génération, des biens familiaux. Ici, « ...ils hériteront de la terre », c'est comme si Dieu, littéralement, disait : « vous faites partie de ma famille et je veux vous léguer mes biens ». Les biens dont il est question sont les bénédictions qu'apportent les béatitudes et qui nous aident à mieux vivre la vie qu'il nous offre.

Cette troisième étape sur le chemin du bonheur offre donc une promesse bien temporelle. Les doux et humbles n'héritent pas du ciel, mais de la terre. Il y a non seulement une promesse pour l'au-delà mais cela commence aussi ici-bas. Peu importe où vous en êtes en ce moment et peu importe les obstacles que vous rencontrez sur votre chemin, faîtes confiance à Dieu. Ne vous relâchez pas et n'abandonnez jamais. Apprenez à acquerir souplesse et flexibilité en n'oubliant pas qu'avec l'attitude appropriée, nous finissons toujours par tirer le meilleur des circonstances et trouver le bonheur tant recherché.

5

Le chemin du BONHEUR passe par la SOIF

« Heureux
ceux qui ont
faim et soif de justice,
car ils seront
rassasiés ! »

Matthieu 5.6
Quatrième Béatitude

« Il y a en chaque âme une soif
de bonheur et de sens. »

THOMAS D'AQUIN

Le bonheur est-il un choix ? Peut-on choisir d'être heureux ou malheureux ? Est-ce que ceux qui sont malheureux ont choisi de l'être ? La première réaction spontanée et réponse donnée seraient de tonner un NON retentissant. Mais, arrêtons-nous quelques instants pour réfléchir plus longuement. Avez-vous remarqué que nous avons parfois un rapport ambigu avec le bonheur ? Nous désirons le bonheur et, en même temps, nous en avons peur. Lorsqu'enfin nous le trouvons, nous avons peur de le perdre. Curieusement, on s'habitue à la misère bien plus rapidement qu'au bonheur, comme si celui-ci était toujours éphémère, passager, susceptible de s'effrayer et de nous quitter. Lorsqu'on vit ces moments d'intenses joies, on aimerait que le temps s'arrête et qu'ils durent à jamais. L'aspiration à l'éternité. Cela a même inspiré les paroles du chant de Jacqueline Dulac : « *On devrait mourir lorsqu'on est heureux…*[40] »

On voudrait toujours être heureux et en même temps on se lasse rapidement. Ce qui nous remplit de ravissement à un moment devient à la longue ce qui nous blase et nous énerve. Le désabusement croît avec l'usage. De même, lorsqu'on pense à tous les gens que nous connaissons et qu'on voudrait voir heureux, on constate alors que beaucoup d'entre eux, souvent sans s'en rendre compte, s'exposent, de par leur conduite et leur attitude, à la souffrance et au malheur. Bien sûr, on ne choisit pas délibérément le malheur. Par contre, on choisit des chemins qui nous y mènent, à notre insu, directement.

Le bonheur n'est pas indépendant de nous. Ce n'est pas quelque chose qui survient, mais qui se bâtit. La plupart des gens voient le bonheur comme quelque chose d'extérieur à eux-mêmes. Il arrive ainsi un jour chez soi comme est reçu un colis ou un cadeau. Les gens heureux ont reçu ce cadeau et les gens malheureux l'attendent encore. Cette conception peut sembler banale, voire caricaturale, pourtant inconsciemment, bon nombre perçoivent les choses ainsi. Très peu de personnes réalisent qu'elles ont un rôle à jouer quant à leur bien-être et à leur bonheur.

Selon mon observation, nous pourrions classer les gens en quatre catégories basées sur leur approche du bonheur. La première est constituée de ceux qui recherchent à tout prix le bonheur, ici et maintenant, au détriment du futur. Leur devise est « mangeons et buvons, car demain nous mourrons[41] ». Ils vont brûler la chandelle par les deux bouts, vivre à plein régime et finir inévitablement malheureux. Obsédés par l'immédiat, il faut qu'ils achètent maintenant, mais ils ne se préoccupent pas de ce qu'ils payeront plus tard. Dans cette même catégorie, vous trouverez aussi ceux qui sautent sur un bonheur passager comme s'ils avaient peur de le manquer ou de ne jamais le retrouver. Ils sont comme tous ces gens qui abandonnent conjoint et foyer pour aller vivre le grand amour et finalement se retrouver bien seuls. Quand on quitte tout, on se retrouve sans rien.

La deuxième catégorie rassemble des personnes qui s'astreignent à toutes sortes de sacrifices, s'imposent des contraintes, vivent dans le renoncement et l'abnégation ; tout cela dans la perspective d'être heureux plus tard. Souvent, elles passent à côté des joies du quotidien et se privent d'un bonheur inattendu. Leur perspective du bonheur est comme une retraite qu'ils auront bien méritée : c'est pour plus tard, quelque part dans le futur. Un jour, je serai heureux.

Il y a également cette troisième catégorie de gens qui ne croient pas au bonheur, ni maintenant ni plus tard. Désabusés, narquois, caustiques et surtout désespérés, la vie pour eux n'est pas faite pour le bonheur mais pour le labeur. Ils ressemblent à l'Ecclésiaste qui, sombrement, trouvait que tout était vanité : « Quel avantage revient-il à l'homme de toute la peine qu'il se donne sous le soleil ?[42] », disait-il. La vie est difficile. La vie est douloureuse. Elle est injuste. À quoi bon attendre et se faire des illusions sur un bonheur impossible, improbable ? Triste vie, vie triste !

Les personnes des deux premières catégories ont la fâcheuse manie d'opposer les concepts : présent ou futur, maintenant ou plus tard. Mais, il existe une quatrième catégorie de gens qui croient au bonheur conjugué au présent sans sacrifier le futur et qui pensent à l'avenir sans gâcher l'immédiat. Il ne s'agit pas de perfection, mais d'un bonheur que je qualifierai de « sciemment choisi ». Conscientes du moment présent tout en étant sages et perspicaces, ces personnes ne vivent pas le présent en négligeant le lendemain. Un grand sens de la continuité les habite. Le bonheur dans leur cas est assumé consciemment.

Une question de choix ?

Abraham Lincoln disait : « *Les gens ont le bonheur qu'ils choisissent d'avoir*[43] ». Certains contesteront en rétorquant que la vie est pénible, que l'on ne choisit pas ce qui nous arrive et que, de toute façon, nous n'avons pas de pouvoir sur les événements. Cela est vrai, en partie. Nous n'avons pas de pouvoir sur ce qui survient mais, par contre, nous en avons sur notre réaction. Quelqu'un a dit un jour que la souffrance est inévitable, mais la misère optionnelle. On ne peut pas éviter les inconvénients et les désagréments de la vie, mais nous ne sommes pas contraints à les subir de façon misérable.

Il ne faut jamais oublier que nous avons tous une perception différente d'un même événement. En fait, c'est le regard que l'on pose sur les choses de la vie qui en donne le sens et la signification, et qui nous affecte négativement ou positivement. Le bonheur résulte davantage de cette vision différente que l'on choisit d'adopter. Pour les gens viscéralement malheureux et taciturnes, tous les événements, minimes ou non, deviennent des prétextes à confirmer l'étroitesse de leur état d'âme. Pour les gens de nature joviale, les mêmes événements ne sont pas appréhendés de la même manière, une circonstance tout à fait insignifiante sera comme une montagne pour les pessimistes et un petit grain de sable pour ceux qui ne le sont pas.

Quelqu'un a dit un jour que la souffrance est inévitable mais la misère optionnelle.

Plus que tout, il faut réaliser que le bonheur n'est pas un événement en soi, mais un cheminement. N'oublions pas que nous marchons sur le chemin du bonheur. Nous nous devons d'avancer, de progresser, de nous ajuster et de changer. On revient toujours à cette notion de changement qui doit nous animer profondément. Cheminer signifie changer. Le changement provient d'une succession de « petits » choix faits au quotidien et à tout moment, au fil des événements et des circonstances, et qui finissent par nous remodeler en une version améliorée de ce que nous sommes.

Les gens malheureux ne planifient pas de l'être. Ils ne dressent pas des plans de drames et ne se disent pas « ça y est, je me paie un bon désastre ! ». Dans leur poursuite du bonheur, ils posent des gestes, font des choix et prennent des directions qui les mènent tout droit vers le malheur.

> *« Bien des hommes pensent être sur le bon chemin, et pourtant, ils se trouvent sur une voie qui, finalement, mène à la mort.*[44] »

Nous découvrons très rapidement au contact des gens cette criante vérité. Beaucoup ont fait des choix totalement irréfléchis. Je me souviens d'une dame qui, un jour, se présenta à moi en me disant littéralement : « Voici, je suis la version moderne de la femme adultère.... J'ai trompé mon mari... Ma vie est foutue, j'ai perdu le respect de mes enfants. J'ai cru au bonheur céleste que cet homme m'offrait et je me suis retrouvée... en enfer ». Est-ce qu'à cause de sa conduite, cette dame « mérite » cette souffrance ? Bien, fait pour elle ? Le bonheur et le malheur n'ont rien à voir avec le mérite. Ils sont la manifestation ultime des choix que nous faisons et des conduites que nous adoptons. Cette femme est victime d'elle-même. On aura beau blâmer « le beau parleur », il ne l'a pas forcée. Il l'a juste tentée et séduite. Elle y a cru alors qu'elle n'aurait pas dû...

Certains choisissent d'être malheureux de façon plus subtile et plus inconsciente. Ils se punissent des sentiments de culpabilité qui les habitent en refusant de se pardonner. Ils croient expier ainsi leur peine en s'infligeant un refus de bonheur comme châtiment. Ce qui est absolument inutile. D'autres, accablés par la honte, ont abandonné l'idée qu'ils pouvaient être heureux. Les traces d'un passé sombre et douloureux lacèrent leur âme, leur rappelant constamment que le bonheur n'a jamais été pour eux et ne le sera jamais. Prisonniers de ce langage intérieur disqualifiant, ils se coupent ainsi tout espoir de bonheur.

Curieusement et de manière très étonnante, certaines personnes restent désespérément malheureuses par peur du bonheur. Elles se cantonnent dans la sécurité de leur isolement se privant ainsi d'un bonheur qu'elles auraient pu atteindre si elles avaient osé affronter ce qui les effraie. Enfin, il y a ceux qui, motivés par un désir malsain, préfèrent être malheureux dans le but d'attirer la sympathie et la bienveillance. Mais vaine espérance, ils se retrouvent encore plus misérables et souffrent beaucoup plus du manque d'intérêt qu'on leur porte. Ils n'ont pas compris que le bonheur est une chose trop essentielle pour le laisser entre les mains des autres.

Heureux ceux qui ont faim et soif de justice

Par le moyen des béatitudes, Jésus a su aborder la foule avec un langage qui trouvait écho dans leur cœur. Dans cette quatrième béatitude, Jésus sait lorsqu'il parle de faim et de soif que la foule n'est pas insensible à ces termes en raison des conditions de vie. Il nous est difficile de saisir la portée de ces mots dans une société comme la nôtre où la nourriture et l'eau abondent. Mais sous le climat chaud et désertique du Moyen Orient, l'eau et la nourriture sont soigneusement conservées. Avoir accès à un puits pour étancher sa soif et pour abreuver les troupeaux, posséder un lopin de terre pour semer, récolter et manger à sa faim constituaient, bien sûr un privilège et un luxe, mais aussi une nécessité essentielle et fondamentale. Voilà pourquoi, lorsque Jésus relie la faim et la soif à la justice, il expose clairement que cette dernière n'est pas un luxe, mais une nécessité.

La faim et la soif

La faim et la soif font partie des réactions machinales de notre vie. Notre vie se construit autour d'habitudes qui visent à combler nos besoins d'eau et de nourriture nécessaires à notre subsistance. Nous structurons nos journées autour des repas et nous partons rarement pour un voyage sans emporter une bouteille d'eau. Nous ne sommes pas toujours conscients, surtout dans nos sociétés où règne l'opulence, de tous ces gestes et ces mœurs qui gravitent autour de la faim et de la soif. Il est donc normal d'avoir soif et faim puisqu'il s'agit là d'une manifestation spontanée, une exigence physiologique de notre organisme. Cette sollicitation de notre corps qui envoie un message à notre cerveau est ainsi programmée de façon à ne pas mettre notre santé en péril. La faim et la soif sont donc des indices que nous sommes bel et bien vivants.

Il en est de même dans bien d'autres aspects de notre vie. La faim et la soif deviennent ainsi une métaphore de nos désirs les plus profonds. Nous avons faim et soif d'amour, de sérénité, de tendresse. Nous avons des aspirations personnelles et désirons tous nous réaliser pleinement, nous épanouir, avoir une certaine reconnaissance. Nous souhaitons apprendre, comprendre, trouver un sens à notre existence. Nous cherchons un but, une signification à notre voyage sur terre, une réponse au pourquoi de notre existence. Tous ces élans de notre être ne font que mettre en lumière notre inclination vers les choses spirituelles.

Au moment où j'écris ces lignes, mon chien Jeep s'approche de moi. Il veut une caresse, un peu d'attention et peut-être un peu d'eau et de nourriture. Mais il ne se questionne pas, n'a pas d'aspiration morale et ne se remet jamais en question. Il mène sa vie de chien, bêtement et simplement. Cependant, vous serez d'accord avec moi que pour nous cela est bien différent. Nous avons faim et soif d'autre chose, quelque chose de plus grand que nous. La vraie question qui se pose n'est pas : avons-nous faim ou soif ? Mais plutôt : de quoi avons-nous faim et soif ?

Il est bien évident que Jésus fait allusion dans le texte de Matthieu 5.6 à notre appétit, notre quête, nos désirs, nos passions, nos pulsions. Il ne dit pas que nous ne devons pas avoir de passions ou de désirs. Il interroge plutôt l'objet de notre quête, le sujet de nos passions.

À mon avis, la plus grande quête de l'humanité est d'origine spirituelle. Elle se manifeste par une faim et une soif très particulières, celles de combler le vide causé par notre rupture originelle avec Dieu. En effet, aux fondements de la révélation biblique a lieu un drame. Le récit au début du livre de la Genèse relate que l'homme était, initialement, en relation parfaite avec Dieu et qu'il puisait son bonheur directement en lui. Mais, au chapitre trois de ce même livre, l'homme a brisé cette relation en outrepassant les limites que Dieu lui avait imposées et il a ainsi entraîné sa propre chute. Ayant été chassé du jardin d'Éden, l'homme erre depuis ce temps, cherchant à combler le vide spirituel causé par cette malheureuse rupture. C'est ce qui a fait dire à Pascal : « *Qu'est-ce donc qui nous crie cette avidité et cette impuissance, sinon qu'il y a eu autrefois dans l'homme un véritable bonheur, dont il ne lui reste maintenant que la marque et la trace toute vide...* »[45]

Cette quête spirituelle est aussi une recherche en partie inconsciente. En effet, les gens ne vivent pas en se disant qu'ils cherchent Dieu et la plupart, disons-le, ne savent pas quel est l'objet de cette quête. C'est pour cela d'ailleurs qu'ils s'égarent en route sur le chemin du bonheur. Bien sûr, ce n'est qu'au moment où nous rencontrons Dieu que nous réalisons qu'au fond c'est lui que nous avions perdu, c'est lui qui nous manquait tellement et que notre cœur attendait.

> Nous avons faim et soif d'autre chose, quelque chose de plus grand que nous.

Lorsque la Bible parle de la chute de l'homme, il est aussi question d'une perte de statut que celui-ci possédait. Retrouver cet état originel fait aussi partie de la quête spirituelle inhérente à l'homme. Il ne cherche pas seulement Dieu, il cherche aussi à retrouver sa position devant lui. Voilà pourquoi il y a de ces hommes qui jouent à Dieu, qui se prennent pour Dieu et qui s'érigent en Dieu. Le drame de tous ces individus narcissiques, c'est que leur faim et leur soif de devenir ne se satisfairont jamais en eux-mêmes, mais en Dieu. L'aboutissement suprême et idéal de leur quête consiste en une rencontre avec Dieu, un face à face où chacun reprend sa place et sa fonction avec l'autre. C'est seulement dans cette communion que la faim est pleinement assouvie et la soif étanchée. C'est ce que le roi David croyait lorsqu'il priait : « Ô Dieu, tu es mon Dieu ! C'est toi que je recherche. Mon âme a soif de toi, mon corps même ne cesse de languir après toi comme une terre aride, desséchée et sans eau... »[46].

La justice

Le bonheur est possible pour celui qui a faim et soif de justice. Le mot grec, *dikaiosune* qui signifie justice, et que l'on retrouve dans cette quatrième béatitude, fait appel au caractère et à la qualité d'un individu. La justice proprement dite concerne la vertu, la droiture et l'intégrité morale. Une personne intègre est une personne droite et éprouvée, qui n'a rien à cacher et qui fait ce qui est juste. Dans le sens biblique, le juste est celui qui se conduit correctement et qui, bien sûr, marche dans les voies de Dieu.

Cette notion n'existe plus de nos jours. En effet, on entend rarement dire d'un homme qu'il est juste. Nous disons volontiers d'une personne qu'elle est capable, douée et compétitive. Tous ces qualificatifs sont autant de caractéristiques qui mettent en perspective des qualités rattachées à la performance et la productivité. Ceci est significatif des valeurs qui animent notre époque : faire est plus important qu'être. D'ailleurs, remarquez, on honore peu souvent une personne pour ses qualités morales. Ces dernières sont davantage perçues comme un défaut que comme une vertu. La moralité est trop souvent reléguée à la vie personnelle, comme si elle ne devait jamais apparaître en public. Il est bien certain que les personnes droites et intègres dérangent. De par leur conduite, ils confrontent les uns les autres à leurs propres manquements, à leurs faiblesses personnelles, à ce qu'ils ne sont pas et qu'ils devraient être. Voilà pourquoi très souvent on se moque d'eux et on les caricature sous les traits d'individus sombres et rabat-joie qui ne connaissent pas les « plaisirs » de la vie.

Dans la pensée biblique, cette même notion de justice ne s'applique pas seulement aux hommes mais aussi à Dieu. Ainsi, lorsqu'on parle de la justice de Dieu, nous faisons allusion à sa droiture, à sa capacité d'exercer le droit de façon juste et équitable. Beaucoup de gens ne considèrent pas Dieu comme juste, et c'est probablement la première notion que les gens remettent en question lorsqu'ils assistent aux horreurs commises sur cette terre. L'expression « comment un Dieu juste peut-il... » est familière des conversations que les gens entretiennent lorsque surviennent des événements troublants. Les agnostiques et les athées contestent Dieu et sa capacité d'être juste mais, en le remettant ainsi en question, eux qui n'y croient pas, démontrent que s'ils avaient à croire en Dieu il faudrait qu'il soit juste. La justice apparaît donc comme un attribut inévitable de Dieu.

J'ai compris la notion de justice en deux occasions, alors que je travaillais à la rédaction de ce livre. La première eut lieu lors d'une visite en Israël pour une série de conférences en juin deux mille sept. Lors d'une journée de repos, j'ai eu l'opportunité d'aller visiter le mémorial Yad Vashem à Jérusalem. Ce musée a été créé en mémoire de toutes les victimes de la Shoah, soit « l'extermination par l'Allemagne nazie des trois quarts des Juifs de l'Europe occupée, soit les deux tiers de la population juive européenne totale et environ 40 % des Juifs du monde, pendant la Seconde Guerre mondiale — ce qui représente entre cinq et six millions de victimes, selon les estimations des historiens [47]». Il présente en détail et de façon dramatique la sociologie, l'histoire et l'impact de ce génocide effroyable.

Une des choses dont on se rend compte à la lecture de ces quelques lignes résumant un moment sombre de l'histoire de l'humanité, c'est que ceux qui ont commis ces crimes, autant que ceux qui ont pactisé avec l'idéologie nazie et participé à la propagation de cette aversion haineuse envers les Juifs, étaient des gens comme vous et moi. Peut-être que ces propos vous étonnent, mais laissez-moi vous expliquer. Comment est-il possible de dire qu'ils étaient comme vous et moi ? Que s'est-il passé pour qu'ils basculent du mauvais côté ? Je répondrai simplement : le choix ! Il n'en est pas autrement. Ils ont « choisi » de succomber à la peur, de se soumettre à l'injustice et devront vivre à jamais avec le souvenir d'avoir contribué à ces atrocités. Ils n'avaient pas compris que… « pour triompher, le mal n'a besoin que de l'inaction des gens de bien [48]».

Il existe sur le site du musée unique de Yad Vashem, un sentier commémoratif parsemé d'arbres, symboles du renouvellement de la vie. Ils ont été plantés en l'honneur des non-Juifs qui ont agi selon les principes les plus nobles de l'humanité en risquant leur vie pour sauver des Juifs de l'holocauste[49]. On ne pouvait donner de plus merveilleux noms à tous ces valeureux, ces courageux, ces résistants de l'injustice que celui de « justes ».

La seconde occasion de comprendre cette notion de justice s'est présentée à peine deux mois plus tard alors que je me trouvais en France, plus précisément en Auvergne tout près du village de Chambon-sur-Lignon. Ce village au complet a été déclaré « village de Justes » parce que ses habitants, sous l'inspiration du pasteur protestant André Trocme, ont hébergé des milliers de Juifs, en particulier des enfants, et leur ont permis de survivre pendant cette période néfaste. Malgré les menaces et l'exécution de dix-neuf personnes, les villageois ont persévéré dans leur poursuite du bien et pour une cause qu'ils croyaient juste. L'histoire de ce village de « justes » a été immortalisée par le film « La colline aux mille enfants[50] ».

Ceux qui ont faim et soif de justice ne sont pas des héros surhumains ni des saints dans le sens consacré du terme. Jésus propose à cette foule d'élever leur vie à un niveau de qualité et de grandeur d'âme que, seules la droiture et la justice peuvent assurer. Il y a un bonheur et une sérénité qui ne se trouvent que dans une bonne conduite et de manière si simple : lorsqu'on fait le bien, on se sent bien et lorsqu'on fait le mal on se sent mal !

« Pour triompher, le mal n'a besoin que de l'inaction des gens de bien ».

Mais celui qui poursuit la justice, fait plus que de ne pas faire le mal. Beaucoup de gens se cantonnent dans une pseudo-droiture en croyant qu'ils ne font rien de mal et qu'ils mènent une « vie correcte ». Mais, refuser de faire le bien que l'on sait que l'on pourrait faire, contribue à nos malaises intérieurs. Le drame de bien des gens provient du fait que lorsqu'ils se sentent mal, ils choisissent de faire taire leur conscience. En refoulant ainsi leurs malaises, ils passent à côté de signaux et d'indices qui pourraient leur permettre de réajuster leur conduite et d'accéder à un véritable bien-être. Il est évident que l'on ne peut pas passer une vie à mentir aux autres ou à se tromper soi-même sans mettre une énorme pression sur sa conscience. Cette manière de vivre est le chemin du malheur assuré, pour soi-même comme pour ceux qui vivent avec nous.

Ce fameux jour du sermon sur la montagne, la foule qui écoutait Jésus savait, comme nous tous d'ailleurs, reconnaître un juste et elle connaissait aussi tout au fond d'elle-même ce qu'était la justice de Dieu. Il était clair que les propos de Jésus étaient une mise en garde sur la façon dont certains membres de la communauté menaient leur vie spirituelle et l'attitude méprisante qu'ils avaient envers la justice. Jésus leur disait, par exemple, que leur conduite et leur attitude devaient dépasser celles des pharisiens s'ils voulaient avoir accès aux bénédictions du royaume.[51] Les pharisiens se croyaient justes et meilleurs que tous les autres parce qu'ils faisaient partie de l'élite religieuse. Mais Jésus n'était pas de cet avis. Il savait que ce n'est pas le statut d'une personne qui lui confère une stature, mais la mise en pratique des préceptes et des enseignements de la foi. Si ces choses étaient vraies en ce temps là, elles le demeurent tout autant de nos jours. Bien des gens professent la foi sans que leur vie en soit la démonstration évidente. La vérité, c'est qu'ils n'ont pas suffisamment faim, ils n'ont pas suffisamment soif pour expérimenter la joie d'être parfaitement rassasiés et comblés.

...car ils seront rassasiés !

Jésus affirme que ceux qui ont faim et soif de justice seront rassasiés. Le terme populaire le plus juste serait « remplis », faisant référence à une satisfaction entière et totale. Le discours de Jésus est extraordinaire dans le sens où il nous assure que celui qui se confie en lui, n'aura plus jamais faim, plus jamais soif. Ses besoins seront comblés.

La quête humaine (spirituelle ou existentielle) est normale. Tous les êtres humains cherchent une façon de combler leurs besoins les plus profonds. L'assertion du christianisme est que Dieu seul peut répondre aux désirs intenses de nos cœurs. Cela n'a rien à voir avec la religion telle qu'on la conçoit trop souvent. Une lecture approfondie du Nouveau Testament et des évangiles en particulier, nous amène à découvrir que Jésus se souciait davantage des besoins réels des gens que de toutes les règles parfois excentriques de la religion.

La recherche du bonheur est très proche de la quête spirituelle. Dans la pensée populaire, les deux semblent s'opposer. Les grands penseurs de notre époque et les intellectuels modernes ont tenté de nous convaincre d'évacuer la notion de foi et de spiritualité de notre monde en nous proposant un autre chemin de bonheur. Ils ont essayé ce que le « communisme et l'athéisme » de la Russie et des pays de l'Est, pendant des décennies, ont tenté sans succès bien avant eux. À l'époque du communisme, il y avait cet acharnement obsessionnel et maladif à vouloir « tuer Dieu », à éteindre la foi et la spiritualité dans la vie des gens. Le constat de leur échec est évident depuis la chute du mur de Berlin en mille neuf cent quatre-vingt-neuf. Au-delà de l'échec social et politique, il y avait la fin d'une utopie du bonheur. Malgré leurs promesses, leurs rêves et leurs idéaux, ils n'ont pas réussi à étancher cette soif profondément spirituelle qui anime le cœur de tous les hommes. Une soif qui ne peut être assouvie qu'en Dieu seul et par la conduite d'une vie juste.

> Tous les êtres humains cherchent une façon de combler leurs besoins les plus profonds.

Vous aussi vous avez des aspirations et des désirs. Il est possible qu'en ce moment, ils demeurent inassouvis et vous vous demandez pourquoi. Peut-être avez-vous l'impression de chercher en vain ou de courir, à droite et à gauche, à la poursuite du vent sans jamais rien atteindre. Voilà une bonne occasion de vous arrêter pour reconsidérer vos priorités et revoir vos ambitions afin de vous replacer dans la bonne direction sur ce chemin du bonheur.

6

Le chemin du BONHEUR passe par la SYMPATHIE

« Heureux
les miséricordieux,
car ils obtiendront
miséricorde. »

MATTHIEU 5.7
CINQUIÈME BÉATITUDE

« Après l'amour, la sympathie est la passion la plus divine du cœur humain. »

EDMUND BURKE

Nous avons tous une vision et une certaine conception du bonheur. La plupart d'entre nous l'imaginons sous l'aspect d'une vie sereine et paisible où l'on expérimente une joie et un bien-être constants sans que rien ne vienne entraver notre félicité. Ceci est évidemment très idyllique. À la limite, je dirai que c'est l'aspiration d'un ciel sur terre.

Quoi qu'il en soit, nous supposons inconsciemment que ce type de bonheur existe. Il s'implante dans notre esprit en dépit de nos tentatives acharnées de nous raisonner et de revenir à des désirs plus réalistes. Malgré tout, comme une série de pensées récurrentes, il s'impose de nouveau à nous, tentant de nous séduire à chaque fois. Nous voulons tant croire à un bonheur permanent.

Puis, un jour, le drame arrive. Notre épouse ou notre mari nous quitte. Un enfant nous déçoit amèrement. Un ami nous trahit. Une personne nous abuse terriblement. Quel que soit l'événement, l'inévitable se passe et la douleur s'installe, balayant d'un jet tout notre bonheur. Les spécialistes qui se penchent sur les situations de crise et les tragédies de la vie, pour mieux en comprendre les mécanismes, vous diront que les blessures les plus douloureuses sont celles causées par les êtres humains à d'autres êtres humains. Les tragédies relationnelles laissent des traces plus profondes que n'importe quelles autres. Laissez-moi vous donner un exemple tout simple. Imaginons que vous ayez une coquette petite maison dans un joli quartier, elle fait la joie de toute votre famille. Un jour, la tempête fait rage amenant la pluie, le tonnerre et les éclairs. Soudainement, la foudre s'abat sur votre maison, brûlant et consumant tout sur son passage, vos beaux meubles, vos biens les plus précieux et vos souvenirs les plus chers. Dans ces moments, la douleur et la déception demeurent très grandes. Mais vous conviendrez avec moi qu'il est difficile d'entretenir pendant longtemps un fort ressentiment envers les mauvais coups du sort ou les aléas de la nature.

Reprenons la même histoire mais, cette fois-ci, en modifiant quelque peu le scénario. Vous avez une jolie maison dans un quartier paisible et elle est votre plus grande joie. Vos enfants y sont heureux et votre foyer est un havre de paix. Le seul nuage qui assombrit le ciel bleu de votre bonheur est votre voisin bête et récalcitrant. Un jour, suite à une altercation malheureuse, ce méchant bonhomme, pour se venger, décide de mettre le feu à votre maison. Vous perdez tous vos biens, vos enfants pleurent et votre joie de vivre s'envole en fumée.

Il est facile, pour vous comme pour moi, d'imaginer notre réaction face à ce genre de geste. La colère, la révolte et le désir de vengeance nous submergeraient. Nous réclamerions justice ! Nous demanderions des comptes et nous voudrions, assurément, régler des comptes. Il ne serait pas question de faire la paix avec un tel individu. Il mériterait des poursuites judicaires et devrait payer le double voire le triple du mal qu'il nous a fait.

Les tragédies relationnelles laissent des traces plus profondes que n'importe quelles autres.

Cet exemple factice illustre bien simplement la charge d'émotions rattachée aux situations causées par une personne. Bien que cette petite anecdote ne mette en perspective que la perte de biens matériels, nous sommes conscients que les émotions ressenties dans la première version de ce récit sont moins intenses que celles éprouvées dans la seconde. Dans cette même pensée, nous pouvons pousser notre réflexion plus loin et imaginer la force des émotions liées à des drames plus durs encore, tels que le viol, le meurtre, l'enlèvement, la torture, les abus sexuels que commettent des êtres humains envers leurs semblables.

Suite à ces tragédies douloureuses, est-il possible de retrouver un bonheur qui nous semble perdu à jamais ? Existe-t-il une vie après le drame ? Comment émerger du gouffre de la souffrance ? A priori, nous avons l'impression que tout est gâché à jamais. Ces personnes qui nous ont fait du mal continuent à mener leur vie comme si rien ne s'était passé alors que pour nous, notre quotidien est animé par l'angoisse, la honte, la douleur et le désespoir.

Heureux les miséricordieux

Dans cette cinquième béatitude, Jésus continue la controverse encore une fois par un paradoxe troublant. Il nous présente une vérité essentielle au bonheur qui fait contraste avec les grands courants de la pensée moderne. Il nous propose de faire miséricorde aux autres. Cela semble quelque peu passé de mode me direz-vous. La notion de justice est bien établie dans nos sociétés modernes, et tout un système judiciaire a été mis en place pour s'assurer que celle-ci soit bien rendue. Nous savons qu'il y a une rétribution pour ceux qui font le mal et que les criminels doivent payer pour leurs crimes. Bien que jamais rien ne soit parfait et que la justice erre à certains moments, nous avons appris à vivre dans une société qui préserve le sens du droit commun. Mais la miséricorde, quant à elle, semble une idée archaïque et à la limite irresponsable puisqu'il semble insensé de ne pas traduire en justice ceux qui commettent des délits. Toutefois, croire cela serait sauter aux conclusions trop rapidement.

L'expérience de la miséricorde a été reprise de façon systématique en Afrique du Sud lors de la création de la commission Vérité et Réconciliation en mille neuf cent quatre-vingt-quinze. Présidée par l'archevêque Desmond Tutu, Prix Nobel de la paix, cette commission a recensé les crimes atroces et les tortures qu'ont subies les populations (en majorité noires) sous le régime de l'apartheid. Le principe consistait, dans un temps limité, à donner la possibilité à ceux qui viendraient confesser leurs crimes devant la commission de bénéficier d'une amnistie. Ceux qui s'y refusaient étaient passibles de poursuites devant les tribunaux. Contrairement, à ce qu'avait craint le président du pays, le récit des sévices infligés par les bourreaux n'a pas entravé le processus de réconciliation mais a, au contraire, favorisé le retour à une paix sociale prometteuse.[52] Comment cela a-t-il été possible ? À mon avis, les confessions publiques ont aidé les tortionnaires à sortir premièrement de l'obscurité de l'anonymat et du secret, et à confesser « leurs péchés » devant tous. Cela n'aurait jamais été possible sous la menace de poursuites judiciaires. Deuxièmement, cette stratégie originale a permis d'éviter la récidive et le développement d'un réseau clandestin pouvant saboter le processus de paix et de réconciliation. Troisièmement, l'exposition ouverte des crimes a favorisé la reconnaissance et la validation publiques des blessures et des souffrances des victimes et de leurs familles. L'expression de la douleur était véritablement nécessaire à leur guérison. Tout cela aurait été impossible n'eut été de la miséricorde.

Depuis ce temps, des expériences similaires ont été reprises dans plusieurs pays du monde, notamment au Rwanda et au Burundi. Gandhi disait : « Ce qui est vrai pour les individus l'est aussi pour les nations. On ne peut pas trop pardonner. Les faibles ne peuvent jamais pardonner. Le pardon est l'apanage des forts[53] ». Nous pourrions dire que ce qui a été vrai pour l'Afrique du Sud l'est aussi pour chacun de nous. La miséricorde n'est pas la manifestation d'une faiblesse ou d'une certaine passivité mais l'expression d'une force d'âme peu commune. C'est une belle et noble vertu. Elle est paradoxale dans le sens où ceux qui doivent l'exercer sont souvent ceux dont la blessure est trop douloureuse pour qu'ils puissent envisager faire grâce à leurs tortionnaires. On demande au bourreau de faire grâce à sa victime, mais il semble inconcevable d'inciter la victime à faire grâce à son bourreau.

À l'époque de Jésus, il était hors de question d'avoir une telle disposition. Toute la contrée était soumise à l'hégémonie de l'empire romain qui répandait inexorablement sa culture, valorisait le courage, la force, le pouvoir, la sagesse même, mais sûrement pas la miséricorde. Celle-ci souffrait du même préjugé bien enraciné que la douceur. Les philosophes en ce temps-là considéraient même la miséricorde comme une maladie de l'âme, une forme de piété que seuls les faibles avaient[54]. Les Romains étaient impitoyables envers leurs ennemis. Un ennemi était un ennemi, et le meilleur ennemi était celui qui était mort. Considérant cette façon de penser, la miséricorde n'était même pas envisageable.

Du reste, les mouvements juifs séditieux qui tentaient de soulever la population contre la domination romaine n'aidaient pas à rendre populaire le message de Jésus. On peut donc comprendre combien il suscitait la polémique et l'antipathie autant chez les Juifs que chez les Romains.

Une révélation

La prédication de la miséricorde constituait une véritable révélation pour les gens de cette époque. Jésus, par son message et sa conduite proposait une nouvelle façon de composer avec les offenses, les revers et les injustices qui surviennent inévitablement dans la vie. Comment a-t-il pu être à ce point en avance sur son temps ? Où a-t-il pris ce message si différent, si opposé aux mœurs de son temps ? La réponse est bien simple. Jésus venant d'en haut apportait avec lui cette qualité essentiellement divine.

En effet, la révélation que la Bible donne de Dieu est qu'il est miséricordieux. À maintes reprises, les auteurs de l'Ancien Testament le présentent comme un Dieu juste et miséricordieux. Le prophète Néhémie, dans une longue prière devant le peuple qui se détournait constamment de Dieu, disait : « Mais, dans ta grande miséricorde, tu ne les anéantis pas, et tu ne les abandonnas pas, car tu es un Dieu compatissant et miséricordieux[55] ». Le roi David reprend la même pensée dans les psaumes : « L'Éternel est miséricordieux et compatissant, lent à la colère et riche en bonté[56] ». Dans le Nouveau Testament, l'apôtre Paul, quelques centaines d'années plus tard, enseignera à la jeune église chrétienne d'Éphèse que « *...Dieu est riche en miséricorde à cause du grand amour dont il nous a aimés* »[57]. La miséricorde, tout comme la grâce, découle de l'amour de Dieu, et cet amour s'étend à tous les hommes[58] quels qu'ils soient et quoi qu'ils fassent. Dieu aime passionnément et sans condition. C'est parce qu'il nous aime ainsi qu'il est prêt à nous faire grâce dans nos moments d'égarement et bien sûr, étendre sa miséricorde dans nos temps de détresse.

Qu'est-ce que la miséricorde ?

La miséricorde comporte de multiples facettes. Dans un premier temps, elle est bien sûr une qualité qui dépeint Dieu dans ses rapports avec les hommes. Une lecture sommaire des écrits de l'Ancien Testament nous aide à saisir le sens de cette vertu bien particulière. Ceux-ci relatent, comme un cycle incessant et répétitif, les péripéties du peuple d'Israël qui s'éloigne sans cesse de Dieu, abandonne sa loi, se tourne vers les dieux barbares des tribus païennes environnantes et se retrouve au bout du compte dans la détresse, en esclavage ou en exil. Dans un leitmotiv sans fin, le peuple se repent, crie vers Dieu et revient vers lui. Évidemment, à cause de sa justice et de sa droiture, Dieu condamnait son peuple et voulait exercer à chaque fois son jugement sur eux, mais voyant sa repentance, il décide à la fin de lui faire grâce et d'étendre sa miséricorde. Et l'histoire se répète de la sorte de siècles en siècles. Dès que le peuple se détourne de ses mauvaises voies, Dieu le reprend, lui pardonne et lui accorde grâce.

De façon étrange, Dieu se compare souvent à un époux trompé et décrit son peuple comme adultère à son égard : « As-tu vu ce qu'a fait l'infidèle Israël ? Elle est allée sur toute montagne élevée et sous tout arbre vert, et là elle s'est prostituée[59]. » Contre toute logique et contre toute attente, la miséricorde dans les Saintes Écritures surpasse la justice, la loi et le jugement. Peter Kreeft, dans son livre « Back to Virtue », approfondit cette pensée en disant : « *Quand la justice dit qu'il faut punir, la miséricorde affirme qu'il faut pardonner. Quand la justice dit : Voici une dette à acquitter, la miséricorde répond, ta dette est remise*[60] ».

C'est cette qualité divine qui pousse Dieu à faire grâce aux hommes en dépit de ce qu'ils sont et de ce qu'ils font. Elle découle de l'amour et de la bonté de Dieu tout comme le pardon et la grâce. Dieu choisit d'exercer sa miséricorde en toute liberté. Rien ne le contraint à le faire. Le théologien Henri Thiessen mentionne que « nier le caractère libre de la miséricorde, c'est l'annihiler, car si c'est quelque chose qui est dû, ce n'est plus de la miséricorde[61] ». La miséricorde est donc un geste gratuit, volontaire, non obligé de la part de Dieu envers nous. C'est par l'expérience de cette grâce infinie que nous pouvons retrouver l'espoir de jours meilleurs.

Lorsque Jésus parle de miséricorde à toute cette foule rassemblée sur la colline, elle est loin de réaliser que sa seule présence auprès d'eux symbolise, de la part de son Père, un acte de bienveillance envers l'humanité. La parole du prophète Ésaïe[62] annoncée sept cent ans plus tôt se réalisait devant leurs yeux sans qu'ils en soient pleinement conscients. Jésus le leur confirmera à nouveau à Nazareth, sa ville d'origine, dans la synagogue le jour du sabbat en prenant le livre du prophète et en affirmant publiquement qu'il était l'accomplissement de cette prophétie :

> *« L'Esprit du Seigneur est sur moi, Parce qu'il m'a oint pour annoncer une bonne nouvelle aux pauvres ; Il m'a envoyé pour guérir ceux qui ont le cœur brisé, Pour proclamer aux captifs la délivrance, Et aux aveugles le recouvrement de la vue, Pour renvoyer libres les opprimés, Pour publier une année de grâce du Seigneur*[63]. »

Une révolution

De même que la miséricorde constituait une révélation, elle permettait aussi une révolution dans les concepts, les mœurs et les habitudes de tous ces gens. Tout comme Dieu est miséricordieux envers nous, il veut que nous le soyons les uns avec les autres. Le mot miséricordieux que nous retrouvons dans cette béatitude provient du grec *eleemon*. Le terme hébreu est *chesedh*. Il est bien souvent traduit par compassion ou sympathie et revêt trois aspects principaux.

> C'est par l'expérience de cette grâce infinie que nous pouvons retrouver l'espoir de jours meilleurs.

Premièrement, le terme fait référence aux émotions et aux sentiments. Les personnes miséricordieuses possèdent la capacité de ressentir ce que les autres éprouvent dans les drames, tragédies et conditions de leur vie. Elles se laissent toucher et sont remuées profondément à l'intérieur d'elles-mêmes. Mais ces personnes possèdent plus que de forts et bons sentiments, elles ont développé l'habileté de comprendre ce que ces gens vivent, de littéralement se mettre dans leur peau, en complète sympathie. Ce dernier mot, sympathie, signifie littéralement souffrir avec ceux qui souffrent comme si l'expérience devenait commune, partagée. C'est en se rapprochant de la condition de ceux qui vivent des moments difficiles, comme si tout doucement nous nous glissions dans leur vie, que nous apprenions à les comprendre et à développer notre sensibilité à leur égard.

Enfin, il est louable d'éprouver de la sympathie envers nos semblables et remarquable d'être capable de réellement comprendre ce qu'ils vivent, mais à moins que tout cela ne se traduise par des actes concrets, par des gestes tangibles, rien ne pourra changer pour ceux qui souffrent ou qui sont démunis.

Lorsque Jésus dit : « Heureux les miséricordieux… », il reprend ainsi un concept cher à l'Ancien Testament, la notion de bénédiction. N'oublions pas le sens de *makarios,* « béni de Dieu », que nous avons vu dans un chapitre précédent. Le bonheur des béatitudes fait allusion au fait d'être béni, d'avoir l'assentiment de Dieu à notre endroit. « *Partage ton pain avec celui qui a faim, et fais entrer dans ta maison les malheureux sans asile ; si tu vois un homme nu, couvre-le, et ne te détourne pas de ton semblable. Alors ta lumière poindra comme l'aurore, et ta guérison germera promptement ; ta justice marchera devant toi, et la faveur de l'Éternel t'accompagnera*[64] », disait le prophète Ésaïe.

Une des grandes caractéristiques du christianisme depuis sa fondation et ce qui l'a démarqué de l'ensemble des autres religions a été sa préoccupation pour ceux qui souffrent, pour les pauvres et les démunis, les veuves et les orphelins, les prisonniers et les malades. Jésus mentionne qu'à la fin des temps, lorsqu'il viendra dans sa gloire et s'assiera sur son trône, toutes les nations seront rassemblées devant lui et il les séparera en deux groupes. Il mettra à sa droite ceux qui auront aidé leurs semblables et à sa gauche, tous ceux qui n'auront rien fait. À ceux qui sont à sa droite, il dira : « Venez, vous qui êtes bénis de mon Père ; prenez possession du royaume qui vous a été préparé dès la fondation du monde. Car j'ai eu faim, et vous m'avez donné à manger ; j'ai eu soif, et vous m'avez donné à boire ; j'étais étranger, et vous m'avez recueilli ; j'étais nu, et vous m'avez vêtu ; j'étais malade, et vous m'avez visité ; j'étais en prison, et vous êtes venus vers moi. Les justes lui répondront : Seigneur, quand t'avons-nous vu avoir faim, et t'avons-nous donné à manger ; ou avoir soif, et t'avons-nous donné à boire ? Quand t'avons-nous vu étranger, et t'avons-nous recueilli ; ou nu, et t'avons-nous vêtu ? Quand t'avons-nous vu malade, ou en prison, et sommes-nous allés vers toi ? Et le roi leur répondra : Je vous le dis en vérité, toutes les fois que vous avez fait ces choses à l'un de ces plus petits de mes frères, c'est à moi que vous les avez faites[65] ».

Le christianisme est à l'origine de certaines des plus grandes œuvres humanitaires du monde : la Croix-Rouge, Vision Mondiale, les missionnaires de la Charité, l'Armée du salut ainsi que des milliers d'autres encore que l'on pourrait nommer. Les organismes caritatifs chrétiens sont présents partout où il y a la souffrance et là où les besoins se font sentir, dans les pays en voie de développement, les mouroirs de Calcutta, les zones de guerre, lors des désastres naturels. Tous ces gens qui s'impliquent ainsi auprès de leurs semblables ne le font pas par obligation mais par obligeance, non par contrainte mais par un élan du cœur, par une profonde sympathie parce qu'ils ont compris la joie et le contentement profond que procurent les actes de miséricorde tant pour ceux qui les font que pour ceux qui en bénéficient.

La tentation serait grande de s'arrêter à exercer la miséricorde dans de grandes causes humanitaires et d'oublier ceux qui sont plus près de nous. La compassion et la compréhension s'exercent aussi et surtout dans la vie de tous les jours : dans le mariage, face à un adolescent difficile, au travail avec des collègues désobligeants, avec des membres de notre famille qui, par le passé, nous ont fait souffrir. Il est facile d'éprouver ce que j'appelle de la « sympathie virtuelle », c'est-à-dire être touché par des histoires tristes et pathétiques de gens du bout du monde que nous ne connaissons ni d'Ève, ni d'Adam. Le véritable défi est d'exercer notre compassion avec ceux qui sont proches de nous. Là se situe le vrai test de notre miséricorde et de la joie qui doit s'en suivre.

Sympathiques envers ceux qui nous ont blessés ?

Cela m'amène au dernier aspect que je veux développer sur le thème de la miséricorde. Peut-être que cette dimension va davantage s'appliquer à votre condition personnelle. Vous savez, je ne connais personne qui, à un moment où à un autre de son existence, n'ait pas été blessé ou meurtri par quelqu'un. Parfois ces blessures semblent avoir été causées délibérément, par vengeance ou par méchanceté puisqu'il existe dans ce monde des gens malheureux au point qu'ils veuillent faire du mal à d'autres. Mais la plupart du temps, les gens font du mal aux autres de façon inattendue, par négligence, par inconscience. Ils disent des paroles qui tuent, posent des gestes qui détruisent des vies. Ils rejettent les uns, jugent les autres. Au fil des trente dernières années, de par ma profession de thérapeute, j'ai entendu des centaines et des centaines de récits de drames. Au cours de mes études supérieures, j'ai fait une recherche approfondie sur le traitement des adultes victimes d'inceste dans leur enfance. J'ai été témoin de confessions déchirantes. J'ai vu des gens pliés de douleur, agonisant dans d'inlassables tourments émotionnels : plaies à vif, souffrance morale insupportable, désespoir profond, chagrin inconsolable. À chaque récit, toujours les mêmes questions : Pourquoi ? Pourquoi moi ? Pourquoi m'avoir fait cela ? Autant d'interrogations restées sans réponses apaisantes.

Le véritable défi est d'exercer notre compassion avec ceux qui sont proches de nous.

Que reste-t-il à faire et à comprendre quand les conséquences de tous ces actes demeurent irréparables ? Au moment où j'écris ces lignes, a lieu en France le procès de deux des huit jeunes mineurs accusés d'avoir incendié l'autobus à bord duquel voyageait une jeune étudiante : Mama Galledou[66]. Celle-ci a été brûlée sur plus de 60 % de son corps et doit réapprendre les simples gestes du quotidien. À vivre une « autre » vie que celle qu'elle aurait espérée. Au-delà d'un corps mutilé, il y a une existence gâchée et un avenir compromis. La justice va rendre son verdict et ces jeunes seront condamnés. Mais la condition physique de cette jeune femme ne se rétablira pas pour autant.

Le pardon est un don qu'on se fait à soi-même autant qu'aux autres.

Dans ce genre de tragédie comme dans toute autre, les soins de l'âme deviennent tout aussi nécessaires que la santé du corps. La miséricorde et le pardon font partie du processus de rétablissement et de guérison. Certains choisissent de pardonner et d'autres s'y refusent parce que parfois la douleur et la révolte sont trop grandes. Ils deviennent ainsi prisonniers de l'amertume et du ressentiment, ce qui ajoute à la souffrance déjà éprouvée et prolonge indubitablement la peine et le tourment. Dans ces moments, il est important de découvrir que la miséricorde et le pardon permettent de nous affranchir de ceux qui nous ont fait si mal.

Le pardon est indissociable de la miséricorde. La plus grande résistance au pardon provient davantage de l'incompréhension que nous avons de celui-ci. Le pardon n'est pas l'absolution. Il n'efface pas les fautes. Il est faux de croire que ceux qui pardonnent, oublient. Il n'est pas non plus la négation, le refus de composer avec ce qui est survenu. Plus que tout, le pardon est un don qu'on se fait à soi-même autant qu'aux autres. Il nous permet de larguer les amarres émotionnelles qui nous retiennent attachées au quai de nos douleurs passées. Il nous permet de continuer et de poursuivre notre route malgré tout. Nous sommes les premiers bénéficiaires des gestes gracieux et miséricordieux que nous posons envers ceux qui nous ont fait souffrir, puisque le pardon nous libère d'eux et du mal qu'ils nous ont fait.

Heureux malgré tout

La bénédiction de ceux qui sont miséricordieux est simple : ils obtiennent miséricorde pour eux-mêmes. Selon Gandhi, « œil pour œil rendra le monde aveugle ». Cela exprime fort bien l'inefficacité de la vengeance et des représailles. La miséricorde est sans aucun doute supérieure aux éternelles revanches, car elle en brise la répétition incessante. Le principe que Jésus propose dans cette cinquième béatitude est simple et révolutionnaire. Nous pourrions appeler cela la loi de réciprocité. Les gens qui donnent des coups reçoivent des coups, mais ceux qui font preuve de grâce, de sympathie, de pardon reçoivent en retour les mêmes enrichissements. Lorsque nous agissons avec miséricorde envers quelqu'un, nous gagnons un ami, tandis que lorsque nous jugeons, mesurons et condamnons nous créons un antagonisme malsain. Jésus disait : « *Ne jugez pas afin de ne pas être jugé. C'est du jugement dont vous jugez qu'on vous jugera, de la mesure dont vous mesurerez que l'on vous mesurera*[67] ».

On ne sait jamais quand on aura besoin soi-même de la miséricorde et de la compassion d'autrui. Si nous sommes durs envers nos semblables, il y a de fortes chances que nous en subissions les effets dans les moments difficiles de notre vie et que nous nous retrouvions prisonniers de la toile de ressentiment que nous avons nous-mêmes tissée. Le psalmiste disait : « *La lumière se lève dans les ténèbres pour les hommes droits, pour celui qui est miséricordieux, compatissant et juste*[68] ». La grâce et les bienfaits accordés, tout comme le pardon et l'indulgence, constituent des dépôts dans le cœur des gens. On ne peut ainsi semer sans finir ultimement par récolter. Ainsi, comme nous l'avons déjà dit, lorsque nous faisons miséricorde, nous nous disposons aussi intérieurement à recevoir davantage de bénédictions, de joie et de bonheur de la part de Dieu lui-même.

Comme nous l'avons vu tout au long de ce chapitre, il y a beaucoup de drames qui surviennent tout au long d'une vie. La plupart du temps, nous ne pouvons les éviter. Ils nous frappent avec force et nous font toujours très mal. Néanmoins, ce qui importe davantage n'est pas tant ce qui nous arrive que ce qui arrive en nous. Il ne faut pas laisser les blessures que les gens nous ont faites s'infecter par la haine, le ressentiment et le désir de vengeance. Ces réactions vont plus que tout nuire à notre bonheur. C'est comme si littéralement nous sabotions nous-mêmes toute possibilité d'avancement sur le chemin du bonheur. Faites face à la musique. Ne vous laissez pas décourager par ce qui a pu arriver de par le passé. Ne vous attardez pas à regarder en arrière et poursuivez votre route. Il y a un bonheur qui vous attend.

7

Le chemin du BONHEUR passe par la SAINTETÉ

« Heureux
ceux qui ont
le cœur pur,
car ils verront Dieu »

MATTHIEU 5.8
SIXIÈME BÉATITUDE

« À notre époque comme à toutes les époques, les gens cherchent le bonheur, ne réalisant pas qu'au fond il recherche la sainteté. »

Jerry Walls

Blaise Pascal dans ses « Pensées » disait : « *Tous les hommes recherchent d'être heureux. Cela est sans exception, quelques différents moyens qu'ils y emploient. Ils tendent tous à ce but*[69] ». C'est un fait évident et réaffirmé par les philosophes et les grands penseurs depuis Aristote que, tous, nous recherchons cet état de satisfaction qui s'appelle le bonheur. Nous le poursuivons comme une fin en soi plus que comme un élément secondaire de la vie. Nous pouvons argumenter sur bien des éléments que nous considérons comme essentiels ou non à la vie, mais aucun de nous ne contestera le fait de désirer être heureux. Nous pouvons peut-être nous demander à quoi sert-il d'être riche si cela ne nous apporte pas le bonheur. Mais jamais vous n'entendrez quelqu'un dire à quoi sert-il d'être heureux si nous ne devenons pas riches[70]. L'aspiration au bonheur est incontestable.

La véritable question n'est donc pas de savoir si nous devrions chercher le bonheur ou nous en abstenir, mais davantage de découvrir ce qui peut nous rendre heureux. Vous conviendrez que dans cette perspective, le bonheur est quelque chose de très personnel. Il ne représente pas la même chose pour tous. Par exemple, pour le pauvre, il évoque des images de richesse et d'abondance tandis que pour le riche, c'est la prochaine acquisition dont il rêve tant qui le fait trépigner. Pour le malade, le bonheur c'est de recouvrer la santé. Pour le chômeur, c'est de trouver un travail, et pour l'ouvrier, un meilleur emploi, de meilleures conditions et un meilleur salaire.

Pour les enfants, le bonheur, c'est de grandir et de croire que la vie adulte dénouera toutes leurs frustrations et leur procurera ce qui leur est inaccessible durant leurs jeunes années. Pour les adultes, il prend la forme de la réussite et des réalisations tandis que pour les gens d'âge mûr le bonheur prend sa source dans la sécurité et la sérénité, qu'elles soient affectives, financières ou autres.

Nous avons l'impression parfois que le bonheur ressemble à tout ce que nous n'avons pas et que nous aimerions avoir. Il nous semble que nous serions tellement plus heureux avec cette nouvelle voiture, cette superbe maison. Chez les personnes seules, le bonheur prend les formes délicieuses de cet être qu'elles désirent ardemment. Dans les relations amoureuses essoufflées et esseulées, le bonheur se nourrit des scénarios imaginés au gré des fantasmes et des illusions. Sur le plan plus intime de notre développement personnel et de la construction de notre identité, le bonheur est personnifié par celui ou celle qui possède ces attributs qui, nous le croyons, nous font affreusement défaut. Cette personne que nous aimerions être ressemble à ce qu'on n'est pas et possède, bien sûr, tout ce qu'on n'a pas. Elle est exempte de nos défauts et de nos imperfections. Le chanteur français Serge Reggiani a très bien décrit cette réalité dans sa chanson intitulée « Ce monsieur qui passe ».

« Et je voudrais être ce monsieur qui passe
Ce monsieur qui passe et ne me voit pas
Avoir ce regard où je ne vois trace
Du regret de qui, de l'ennui de quoi
Qu'il me fait envie, que je voudrais être
Ce monsieur qui passe et qui n'est pas moi

Moi dont je suis las, dans qui je m'empêtre
Que je n'aime pas[71] »

Il n'est donc pas étonnant de découvrir que le bonheur est rattaché à une foule de désirs inassouvis qui viennent tourmenter sans cesse nos cœurs. Nous voulons nous réaliser pleinement, développer nos capacités, nos dons, nos talents. Nous aspirons à être valorisés et reconnus par les gens qui nous entourent. Nous désirons atteindre les buts et objectifs que nous nous sommes fixés. Désirs. Désirs ! DÉSIRS ! Les publicitaires l'ont bien compris. Voilà pourquoi ils rivalisent d'ingéniosité avec tout ce qu'ils nous proposent pour éveiller en nous, encore une fois, cette envie de posséder ce qui pourrait nous rendre heureux. Ce nouveau produit, ce vêtement griffé, cette marque réputée nous rendraient tellement plus… heureux. Et nous le devenons presque… l'espace d'un moment.

Tout comme il y a le malheur des autres, il y a aussi le bonheur des autres. Combien leur condition et leur style de vie nous semblent aisés et faciles ! C'est évident, ils l'ont trouvé le bonheur ! Ils en profitent pleinement, en jouissent visiblement et le gardent farouchement pour eux. On les observe, on les imagine, on les envie. On voudrait vivre leur vie et l'avoir ce bonheur. Montesquieu disait : « *Si on ne voulait qu'être heureux, cela serait bientôt fait. Mais on veut être plus heureux que les autres, et cela est presque toujours difficile parce que nous croyons les autres plus heureux qu'ils ne sont*[72] ».

Définir le bonheur

Pourquoi tout ce déploiement d'énergie pour notre bien-être ? Pourquoi cet acharnement à chercher ainsi des sources de joie, de plaisir, de contentement ? Pour répondre à ces questions, il faut retourner à la définition même du bonheur. Le dictionnaire anglais Merriam-Webster définit le bonheur comme « *…un état de bien-être d'une relative permanence, caractérisé par une* *condition émotionnelle agréable, allant d'un contentement tout simple jusqu'à la joie la plus positive et le tout avec un désir naturel de continuité*[73]. » Le dictionnaire Larousse décrit le bonheur comme « *un état de complète satisfaction, de plénitude*[74] ». Bien qu'il y ait probablement autant de définitions du bonheur qu'il y ait d'individus, on s'entend généralement pour définir le bonheur comme un état intérieur de sérénité et de bien-être.

Le point commun de toutes ces définitions c'est que le bonheur (tout comme le malheur d'ailleurs) est décrit comme un état intérieur. En fait, le bonheur est de l'ordre du ressenti. Au-delà de tout ce qui pourrait nous procurer la félicité c'est ce que nous ressentons, ce qui nous fait du bien. Se sentir heureux relève de l'émotion. Nous éprouvons un sentiment de sérénité. Nous nous sentons bien, nous sommes bien. C'est la sensation agréable résultant de l'expérience de situations plaisantes. Ce sentiment provient ainsi d'une interaction entre ce qui se passe à l'extérieur de nous, situations, événements, rencontres et ce que tout cela éveille en nous. Il provient d'une conjugaison de circonstances et d'émotions entrelacées. Par exemple, l'annonce d'une mauvaise nouvelle déclenche toute une série d'émotions négatives et désagréables, tandis qu'une bonne nouvelle fait l'effet contraire et provoque un fort sentiment de joie. L'auteur du livre des proverbes décrit justement que « *l'inquiétude dans le cœur de l'homme l'abat, mais une bonne parole le réjouit*[75] ».

Tout comme il y a le malheur des autres, il y a aussi le bonheur des autres.

Quand nous sommes tout-petits, nous « subissons » le bonheur que nos parents créent pour nous aux travers des conditions familiales et des relations qui s'y établissent. Bien sûr, ce bonheur infantile est, à la limite, quelque peu fragile puisqu'il est presque exclusivement assujetti à la qualité de cet environnement. Mais, dans la plupart des cas, nous avons vécu suffisamment d'expériences agréables tout au long de nos jeunes années pour nous construire un univers intérieur, un registre de souvenirs qui font que nous nous sentons bien. Nous avons ainsi intériorisé notre bonheur sous forme de sensations et d'émotions.

On peut évidemment être malheureux très tôt dans la vie, sans le savoir, ni comprendre pourquoi. Par contre, il y a de l'espoir pour tous ceux qui ont vécu des expériences malheureuses précoces puisque, lorsque nous grandissons, nous pouvons apprendre à construire notre bonheur en créant des conditions propices nous permettant de retrouver et d'éprouver des sentiments et des émotions agréables. C'est en fait ce que propose, à leur façon, chacune des béatitudes. N'oublions pas, Dieu ne nous donne pas le bonheur ; il nous montre comment l'obtenir.

Par contre, il serait simpliste de croire que le fait de bien se sentir ne provient que des circonstances ou des conditions favorables. La réalité de la vie est tout autre. Il y a des jours où tout semble aller mal, et nous connaissons tous des déceptions quand les choses ne vont pas comme nous le souhaiterions. Il y a aussi une limite à notre pouvoir d'organiser ou de structurer notre environnement et il est impossible de contrôler tous les aspects de notre vie. Dans ces moments, la seule façon de préserver notre bien-être est d'apprendre à aménager et à prendre soin de notre vie intérieure. C'est justement ce à quoi Jésus fait allusion dans cette sixième béatitude lorsqu'il fait appel au « cœur », notion très importante chez les anciens Hébreux, car elle représente la vie intérieure.

Le bonheur est dans le cœur

Le cœur est un organe fascinant. De la grosseur d'un gros poing et ne pesant qu'à peine trois cents grammes, il va battre près de trois milliards de fois sur l'ensemble d'une vie. Il assure en continu un débit sanguin de cinq litres par minute afin d'alimenter en oxygène l'ensemble des cellules du corps humain[76]. Cela représente plus de sept mille litres de sang pompé par jour et cela, presque sans entretien. Il se contracte automatiquement, sans arrêt, hors de tout contrôle cérébral.

Malgré la force et la puissance de ce muscle vital, il n'a rien de comparable avec « l'autre cœur », celui qui constitue le siège de nos émotions, de nos passions. Là où réside la force d'âme, le courage, la hardiesse, l'endurance. Dans un sens global et général, le cœur symbolise l'être intérieur ou l'intériorité de la personne. Dans un sens plus spécifique, il représente l'univers des émotions et des sentiments. C'est le centre de la vie et de l'activité intérieure humaine.

> Dieu ne nous donne pas le bonheur ; il nous montre comment l'obtenir.

Ce cœur humain, tout comme le muscle physique, est un véritable moteur. Il peut nous propulser dans biens des directions. C'est lui qui nous fait réagir, bondir, parler même, car « *…c'est de l'abondance du cœur que la bouche parle*[77] ». Parfois, il réagit à notre insu, en dépit de nous-mêmes. Il peut se fermer, s'endurcir. À certains moments, il bat la chamade et semble vouloir sortir de notre poitrine. Il s'effraie, s'égaye et, par-dessus tout, nous fait ressentir l'émotion la plus sublime qu'il est permis à un être humain d'éprouver : l'amour.

Du cœur de l'homme peuvent sortir des choses exceptionnelles, comme des actes de courage, des gestes de compassion, mais aussi comme la haine, le mépris, le meurtre même. Jésus disait :

> « *Car c'est du dedans, c'est du cœur de l'homme que proviennent les pensées mauvaises qui mènent à l'immoralité, au vol, au meurtre, à l'adultère, l'envie, la méchanceté, la tromperie, le vice, la jalousie, le blasphème, l'orgueil, et à toutes sortes de comportements insensés. Tout ce mal sort du dedans et rend l'homme impur*[78]. »

Lorsque Jésus fait ainsi la description de ces choses déplorables que font les hommes, il identifie le cœur comme la source de ces maux. Symboliquement, le cœur n'est pas seulement un moteur qui nous propulse, c'est aussi un « processeur » qui traite et transforme (souvent déforme) ce qui vient de l'extérieur. Jésus mentionne que c'est ce qui sort de l'homme qui le rend impur non pas ce qui entre en lui. Il y a donc quelque chose à l'intérieur qui brouille les cartes, qui déforme la réalité, qui indispose. Lorsque Jésus parle ainsi, il n'invente rien. Il ne fait que reprendre et compléter ce que les écrivains de l'Ancien Testament avaient déjà observé depuis la Genèse, « ... *que les pensées du cœur de l'homme sont mauvaises dès sa jeunesse...*[79] » Le prophète Jérémie avait aussi discerné ce trouble chez l'homme lorsqu'il dit que : « *Le cœur de l'homme est tortueux par-dessus tout, et il est méchant. Qui peut le connaître*[80] *?* »

Ainsi, Jérémie sous-entend que notre vie intérieure est affectée par un principe, une force sombre et insidieuse dont nous ne sommes pas vraiment conscients et qui nous pousse, à notre insu, vers le mal, la méchanceté. Il agit comme un virus spirituel dangereux qui, progressivement, affaiblit notre volonté et perturbe notre capacité d'exercer notre libre arbitre et nous pousse à faire des choix malencontreux. Jésus savait fort bien que pour que l'homme cesse ce type de conduite et de gestes néfastes, il fallait atteindre la source, le centre de contrôle et annihiler cette force. Sinon, ce qui se passe à l'intérieur finirait indéniablement par prendre corps et donner vie à des actes destructeurs. Il faut donc que le cœur soit changé. Ceci est vrai pour tous, pour vous comme pour moi. C'est justement ce que Dieu désire faire : « Je vous donnerai un cœur nouveau, et je mettrai en vous un esprit nouveau ; j'ôterai de votre corps le cœur de pierre, et je vous donnerai un cœur de chair[81]. »

Un effet pernicieux

Cette force sombre et destructrice qui anime et contamine tel un virus résistant porte un nom : c'est le péché. Nos sociétés modernes, surtout avec l'avènement et l'expansion de la psychologie humaniste, ont évacué en bloc la question du péché. De nos jours, nous parlons davantage de troubles du comportement, de dysfonctions, d'aliénation mentale, mais jamais du mal, de la méchanceté ou du péché. L'utilisation du mot péché fait sourire ironiquement ou pester farouchement, mais ne laisse personne indifférent. Bien sûr, il a été utilisé à toutes les sauces, sans avoir été toujours correctement défini. Pourtant, il constitue un élément central du christianisme et la raison majeure de la venue de Jésus. Plus que tout, celui-ci a prêché la repentance et le pardon des péchés tout au long de son séjour sur terre[82]. Sa mort sur la croix constitue la manifestation de son amour[83] pour nous pécheurs, et sa résurrection, son triomphe final sur la puissance de la mort et du péché[84].

G.K. Chesterton[85] a mentionné que « *le péché est l'aspect le plus controversé du christianisme et celui qui se vérifie facilement à la lecture du journal quotidien. Certains théologiens modernes contestent cette notion pourtant, elle est empiriquement vérifiable et validée depuis trois mille cinq cents ans d'histoire humaine*[86] ». Chaque jour, nous en voyons les effets et les méfaits dans des aspects subtils comme les paroles blessantes, le mensonge, la duperie, la fraude ou la dissimulation. En d'autres occasions, sa manifestation devient davantage évidente par les meurtres, les vols, la violence, les abus, etc.

Mais comment le définir ? Le comprendre ? Paul, dans sa lettre aux Corinthiens, parle de la puissance du péché[87]. Le péché est donc plus qu'un concept philosophique ou théologique, un état ou un aspect de la condition humaine déchue. C'est une puissance en soi et, comme nous l'avons déjà mentionné, une force agissante qui souille notre nature et nous amène à avoir des gestes destructeurs qu'on appelle des « péchés ». En fait, ceux-ci sont la manifestation visible de cette force invisible qui s'appelle le péché. Le Dr Richard D. Dobbins donne probablement la meilleure définition du péché lorsqu'il dit que « *...le péché est une puissance émanant de l'ennemi qui stimule la pensée et l'esprit de l'homme vers des choix destructeurs*[88] ».

Je n'aurais pas été intellectuellement et spirituellement honnête d'éviter de parler du péché en abordant le sujet du bonheur. Il n'y a rien de plus nuisible pour notre bien-être et celui de ceux qui nous côtoient que sa présence dans nos vies puisqu'il alimente nos envies, nourrit nos passions, stimule nos pulsions jusqu'à nous rendre tout à fait misérable. Dans la perspective biblique, le péché fait trois choses :

- *Il obscurcit l'intelligence*[89]*, c'est-à-dire qu'il altère notre conscience, anesthésie notre capacité de discerner et de voir clair. Il nous voile temporairement la réalité jusqu'au jour où celle-ci nous renvoie en plein visage les conséquences que nous n'avions pas envisagées.*
- *Il affaiblit la volonté*[90]*. Il nous rend littéralement incapable d'avoir le plein contrôle sur notre vie, de mettre fin et d'avoir la pleine victoire sur nos habitudes néfastes et ce malgré nos meilleures intensions et notre désir sincère d'en finir avec ces comportements malsains.*
- *Il endurcit le cœur*[91]*. Il nous prive de la capacité d'éprouver la sensibilité inhérente à la nature humaine. La souplesse et la réceptivité disparaissent au profit de la colère et de la dureté. L'aptitude à aimer disparaît au profit du ressentiment.*

Dieu, dans le désir de bonheur qu'il a pour chacun de nous, doit absolument confronter ce domaine de nos vies. Mais cela ne se fait pas sans notre participation et notre engagement total. Le premier pas dans ce sens débute par une reconnaissance premièrement de la présence du péché dans notre vie et deuxièmement de notre incapacité de l'éradiquer nous-mêmes.

Un cœur pur

Jésus a dit : « *Heureux ceux qui ont le cœur pur* ». Sans déformer l'essence de cette béatitude, nous pourrions dire que ceux qui ont le cœur pur sont heureux parce qu'ils ont compris leur responsabilité non pas face à ce qui leur arrive mais face à ce qui arrive à l'intérieur d'eux-mêmes. Ils ne permettent à aucune chose de venir corrompre leur vie intérieure. Par exemple, ils refusent de se laisser habiter par le ressentiment, l'amertume, l'animosité et le désir de vengeance. Ils ne donnent pas l'occasion à toutes les émotions sombres de s'infiltrer, tel un poison, et d'intoxiquer ainsi leur existence. Ils ont saisi le principe de sagesse et de gestion de la vie intérieure du roi Salomon lorsqu'il disait : « Garde ton cœur plus que toute autre chose car de lui viennent les sources de la vie[92] ». Vous réalisez ? Les sources de la vie ! Au fond de notre cœur ! Quelle métaphore superbe pour décrire toute l'animation et la vitalité intérieure de ceux qui protègent et préservent la qualité de leur vie spirituelle.

Le mot « pur » que l'on retrouve dans cette béatitude vient du grec *katharos* et possède de multiples significations. En premier lieu, il désigne la qualité de ce qui est propre, nettoyé, purifié, débarrassé de toute tache, qu'il s'agisse de vaisselle, de linges ou de tout autre objet. En deuxième lieu, il est utilisé pour décrire la qualité d'une eau claire, limpide, transparente, qui n'est pas contaminée par un agent polluant, et également pour l'or ou l'argent pur, non corrompu par les imperfections. Troisièmement, le même mot est utilisé pour désigner un médicament qui nettoie une plaie infectée. Progressivement, la signification de *katharos* a évolué pour qualifier les aspects éthiques de la vie et décrire le caractère et la nature d'une personne dont le cœur, au sens moral, est droit, dénué de motifs impurs. L'expression « purifiez vos cœurs… » signifie donc l'action de quelqu'un qui ne tolère rien à l'intérieur de lui susceptible de l'infecter et de l'affecter.

Ceux qui ont le cœur pur ont une vision de la vie qui n'est pas assombrie par de mauvaises considérations qui faussent leurs impressions. Paul, dans sa lettre à Tite, dit que « … *tout est pur pour ceux qui sont purs ; mais rien n'est pur pour ceux qui sont souillés et incrédules, leur intelligence et leur conscience sont souillées*[93] ». Ceux qui sont tordus déforment tout : ce qu'ils voient, ce qu'ils ressentent, ce qu'ils touchent. Paul relève dans ce texte deux particularités de la nature humaine : pensée et conscience. Il affirme que ceux qui sont souillés, le sont avant tout dans leur façon de penser. L'analogie avec la limpidité et la clarté de notre définition de la pureté devient pertinente dans ce domaine précis des conceptions et des perceptions. Les gens purs ont une vision claire de la réalité tandis que ceux qui ne le sont pas voient les choses de façon déformée, altérée. Mais Paul va plus loin et parle de la conscience qui peut être aussi faussée, tordue. L'expression « Fais ce que ta conscience te dicte… » semble une approche vertueuse des dilemmes de la vie. Dans la réalité, la conscience n'est pas une faculté infaillible, et certaines personnes ont une conscience abîmée, malade qui affecte leur jugement et les amène à des gestes dévastateurs.

Il y a des choses dans la vie qui ne se voient qu'avec les yeux du cœur.

Développer une pureté de cœur demande un « examen de conscience » continu. C'est un travail fastidieux mais, ô combien bénéfique ! C'est un exercice qui ne se fait pas tout seul et qui procède d'une ouverture aux commentaires que les autres peuvent nous donner sur notre propre personne et sur nos comportements. David, dans un psaume, priait et demandait à Dieu de l'aider dans ce sens : « Ô Dieu ! Crée en moi un cœur pur, renouvelle en moi un esprit bien disposé[94]. » Mais quel est le bénéfice final de cette discipline spirituelle ? Le bonheur.

Voir Dieu

Si vous et moi sortions par une nuit claire et étoilée, nous pourrions certainement identifier, à la limite, la Grande Ourse, la Petite Ourse et l'étoile Polaire, mais là s'arrêterait notre capacité d'observation. Par contre, vous conviendrez qu'un astronome aguerri aurait une vision et une perception beaucoup plus appréciables de la voûte céleste. Il en est de même avec la pureté du cœur. Il y a des choses dans la vie qui ne se voient qu'avec les yeux du cœur. Elles sont imperceptibles aux autres sens. Les gens qui ont un cœur pur voient des choses que les autres ne voient pas. Ils ont l'œil exercé pour percevoir un besoin subtil dans la vie de quelqu'un. Ils peuvent capter une émotion de tristesse chez une personne affligée ou le regard troublé de quelqu'un qui est tourmenté.

Jésus nous dit dans cette béatitude que ceux qui ont le cœur pur verront Dieu. Cela signifie simplement que ceux qui ont le cœur pur ont développé une acuité spirituelle. Ils peuvent voir Dieu dans des endroits et à des moments inattendus. Ils sont perceptifs et sensibles spirituellement. À l'inverse, les non croyants et les athées se targuent de dire que Dieu n'existe pas parce qu'ils ne le voient pas. Mais ils ne réalisent pas, encore une fois, qu'il y a des choses qui ne sont visibles que si nous nous trouvons au bon endroit, grâce aux yeux de la foi et du cœur.

Non seulement ceux qui ont le cœur pur sont heureux, mais en plus, ils ont accès à un trésor non négligeable : Dieu lui-même. La plus grande bénédiction du croyant est donc de « voir » Dieu. Moïse a dit à Dieu : « *Fais-moi voir ta gloire !* [95]» Job a dit : « *Mon oreille avait entendu parler de toi mais mon œil t'a vu*[96] ». La pureté du cœur apporte un changement dans notre représentation et notre perception de Dieu.

Une des grandes difficultés que je rencontre chez les gens qui viennent me consulter consiste en leur vision déformée de Dieu. C'est comme si la bonne nouvelle proclamée par Jésus s'était changée en mauvaise nouvelle. Le Dieu « bon et compatissant » devient « dur et insensible ». Ce Dieu plein d'amour devient menaçant, distant, inaccessible. Comment cela se fait-il ? Pour répondre à cette question, il faut revenir à notre définition originelle du mot « pur ». Le terme grec *katharos* que nous avons identifié, a, de façon fascinante, donné naissance au mot français « catharsis ». Ce terme est bien connu chez les psychiatres, psychologues et autres thérapeutes puisqu'il décrit l'effet libérateur provoqué par la décharge d'affects longtemps réprimés à l'intérieur.

Comme nous l'avons vu au début de ce chapitre, le bonheur est de l'ordre du ressenti. Le cœur possède des propriétés absorbantes, si je puis m'exprimer ainsi. Depuis notre plus tendre enfance, les événements qui surviennent, les gens que nous rencontrons, les informations que nous entendons et les expériences que nous vivons laissent des traces à l'intérieur de nous qui construisent un répertoire de sensations. C'est pourquoi, plus ou moins inconsciemment, nous tentons d'éviter des situations, d'aller dans des endroits et de rencontrer certaines personnes qui éveillent en nous des émotions désagréables. Et, à l'inverse, nous essayons de fréquenter des lieux, de vivre des expériences et de rencontrer des personnes qui éveillent en nous des émotions agréables. Il en est de même avec Dieu. Il y a tellement de désinformation à son sujet que, parfois, le seul fait d'entendre parler de lui éveille ces sentiments réprimés au plus profond de notre cœur. Par exemple :

- *La peur présente dans notre cœur nous amène à voir un Dieu menaçant.*
- *La culpabilité dans notre cœur nous amène à voir un Dieu condamnateur.*
- *La colère dans notre cœur nous amène à voir un Dieu accablant.*
- *La honte dans notre cœur nous amène à voir un Dieu écrasant.*

Toutes ces émotions désagréables qui nous animent déforment l'image et la représentation que nous avons de Dieu. Notre cœur n'est plus réceptif. Le fait de nous purifier le cœur, dans la perspective de ce dernier aspect de notre compréhension du mot « pur », a un effet de purgation. Il s'agit, littéralement, de purger, nettoyer le cœur de toutes ces émotions négatives. Ceux qui prennent soin ainsi de l'état de leur cœur découvrent Dieu tel qu'il est réellement. Ils discernent sa grandeur, sa présence, son action et son amour si majestueux. Ils sont capables de voir Dieu dans les détails de la vie, derrière une fleur, dans le sourire d'un enfant, dans la beauté de la vie, dans diverses circonstances. Plus que de voir Dieu, ils commencent à voir comme lui voit. De cette nouvelle vision s'ensuit un nouveau regard sur eux-mêmes, sur les autres, sur la vie, sur l'Église, etc.

« Ils sont nombreux ceux qui demandent :
"D'où nous viendra donc le bonheur ?"
Ô Éternel, porte sur nous un regard favorable !
Que notre vie en soit illuminée ![97] »

Un chemin de sainteté

Le mot sainteté évoque des images bien particulières. On s'imagine les « saints » de l'église : St-Paul, St-Pierre, St-Jean et tous les autres qui ont marqué leur époque et l'histoire, mais qui, en même temps, ne suscitent que très peu le désir de devenir soi-même un « saint ». Ils sont souvent présentés comme des personnages plus grands que nature, de véritables icônes, des modèles inaccessibles au commun des mortels. Mais, en réalité, cette représentation de la sainteté ne correspond pas à ce qu'en disent les Évangiles. De façon plus simple et plus réaliste, la sainteté est davantage une qualité qui décrit quelqu'un qui est sans blâme, sans reproche, dont la vie n'est pas infectée par le « péché ». C'est pourquoi on dira de quelqu'un qu'il est un « saint homme » ou une « sainte femme ». Il ne s'agit pas dans ce sens, de personnages austères ou sévères, mais davantage de gens qui ont une vie droite, pure et en règle.

Bien simplement, la sainteté est à l'âme et au cœur ce que la santé est au corps. La sainteté est donc un état intérieur, vénérable comme la pureté. Malheureusement, beaucoup voient ces aspects comme des fardeaux, des obstacles, des encombrements à leur bonheur. Dans leur résistance intérieure, ils ne réalisent pas qu'ils sont des atouts inestimables à la qualité de leur vie. Ils sont assujettis à la pensée de ce monde que le bonheur est dans les choses interdites, dans l'impureté, l'impudicité, le péché, etc. Ils ne réalisent pas que tout cela finira par les mener vers le malheur.

Bien simplement, la sainteté est à l'âme et au cœur ce que la santé est au corps.

D'autres, tristement, endurcissent leur cœur en refusant ou en négligeant de faire le ménage dans leur vie, de renoncer à leurs mauvais penchants et à leurs attitudes nuisibles. Ils restent bloqués dans leur marche spirituelle et ne découvrent jamais Dieu comme leur source première de satisfaction, de joie et de profond contentement. Ils n'ont pas saisi qu'ils doivent sauvegarder leur cœur pour avoir accès au bonheur véritable.

Dans cette sixième béatitude, Jésus exprime que la joie la plus belle et le bonheur le plus exaltant se trouvent en Dieu. Le psalmiste disait : « *Heureux ceux qui placent en toi leur appui ! Ils trouvent dans leur cœur des chemins tout tracés*[98] ». Dans ce sens, le chemin du bonheur passe aussi par la sainteté.

8

Le chemin du BONHEUR passe par la SOLIDARITÉ

« Heureux
ceux qui
procurent la paix,
car ils seront appelés
fils de Dieu »

MATTHIEU 5.9
SEPTIÈME BÉATITUDE

« La paix est un don que nous nous faisons les uns aux autres. »

ELIE WIESEL

Qui étaient ces gens qui accompagnaient Jésus et pourquoi le suivaient-ils ainsi ? Comment peut-on expliquer le fait qu'il était si souvent accompagné par une grande foule dans la plupart de ses déplacements ? Ce jour-là, sur la montagne, elle est encore au rendez-vous. Fidèle, comme elle l'avait été dans les lieux précédents, en Galilée, en Palestine, en Judée[99] et partout ailleurs.

Jésus n'avait pas un comité de campagne pour recruter des gens. Il ne tentait pas de faire des adeptes, ni de créer un mouvement politique ou religieux. Il ne faisait que propager une bonne nouvelle. Il voulait atteindre, avant tout, les malheureux, ceux dont la vie était brisée, les rejetés, les malades et les mal-aimés de ce monde. Il souhaitait convaincre les sceptiques de la réalité de Dieu, de la foi qui peut changer le cours d'une existence, persuader les riches de ne pas mettre toute leur confiance dans leurs richesses, mais d'en donner aux pauvres. Il voulait que les pécheurs, hommes ou femmes, voleurs ou prostituées, saisissent l'idée d'une autre vie, bien meilleure que celle qu'ils connaissaient. À vrai dire, son désir était simplement de faire le bien et faire du bien à tous ces gens qu'il rencontrait.

Pour cela, il se rendait de ville en ville et de village en village. Il faut croire que sa prédication était percutante et efficace puisqu'à chaque fois qu'il se retrouvait dans une région, les gens s'attroupaient pour venir l'entendre et étaient, inévitablement, subjugués par ce qu'il disait. Pas de grandes promesses ni de recettes magiques. Pas de stratégies d'enrôlement ni d'embrigadement. Juste un message pertinent qui touchait profondément les cœurs. Les gens étaient captivés par une force d'attraction que, seuls l'amour, l'acceptation et l'absence de jugement peuvent provoquer. Ils se sentaient aimés et compris.

Bien sûr, tous s'interrogeaient pour savoir si Jésus était le « messie » qui devait venir, celui que les prophètes avaient annoncé et que le peuple attendait. Beaucoup avant Jésus étaient venus, propageant un message parfois prometteur et attrayant, mais s'avérant finalement trop souvent pernicieux et séditieux. Mais lui, il était différent. Il ne cherchait pas son intérêt et ne venait pas de son propre chef. Il répétait qu'il était envoyé par son Père. Ceux qui connaissaient son Père sauraient reconnaître la véracité de ce qu'il disait[100].

Ce que tous ces gens ne réalisaient pas, c'est que Jésus était avant tout un émissaire de paix. Déjà, Ésaïe le prophète avait annoncé la venue de Jésus en ces termes, en disant : « *Car un enfant nous est né, un fils nous est donné, et la domination reposera sur son épaule ; on l'appellera Admirable, Conseiller, Dieu puissant, Père éternel,* ***Prince de la paix***[101] ». Il est évident que les juifs de l'époque attendaient un messie conquérant, un chef militaire avec ses armées qui repousserait l'oppresseur, l'envahisseur et établirait une paix durable sur cette terre tourmentée. Voilà probablement ce qui alimentait leur scepticisme devant tous les enseignements de Jésus et, surtout, au moment où il parle de bonheur et de paix dans cette septième béatitude.

Mais Jésus savait ce qu'il faisait. Il connaissait l'être intérieur de l'homme et comprenait fort bien que les guerres naissent dans les cœurs avant de se traduire en conflits, en rivalités et en déchirements. Voilà pourquoi il avait confronté cette condition dans l'énoncé précédent : « *Heureux ceux qui ont le cœur pur...* » Maintenant le temps était venu où toutes ces paroles, si nobles soient-elles, devaient se refléter dans leurs relations, dans leurs rapports les uns avec les autres.

Une foule hétéroclite

On serait porté à croire que ceux qui suivaient Jésus étaient vraisemblablement un groupe de supporters inconditionnels. Certains pensent qu'il s'agissait de gens démunis, provenant d'une populace ignare et qui étaient prêts à suivre aveuglément un nouveau chef religieux, enclins à tout croire bêtement. La réalité est que cette foule était loin d'être un groupe homogène. Elle ressemblait davantage à une mosaïque de classes, de cultures et d'ethnies différentes. Il y avait des Juifs, mais aussi des Hellénistes. Comme toute la région était sous la férule de César, les Romains étaient souvent présents aux enseignements publics. Il y avait des intellectuels, des docteurs de la loi tout comme des gens simples du peuple. Matthieu raconte que des gens de la Galilée, de la Judée et d'au-delà du Jourdain suivaient Jésus. Sa renommée se répandait partout, même jusqu'en Syrie[102].

Une observation bien simple de cette foule nous amène à découvrir trois groupes nettement distincts. Il y avait bien sûr premièrement les disciples qui étaient réellement attachés à Jésus et participaient à tout ce qu'il faisait. Ils sont présents à ses côtés lors de ce grand sermon en plein air et reçoivent le même enseignement que la foule. Jésus n'a pas deux messages distincts. Il n'en présente pas un pour un groupe d'initiés et un différent pour le reste de l'auditoire. C'est le même message pour tous parce qu'il s'agit de la même vérité. Ses disciples n'ont pas de privilèges particuliers ni un passeport exclusif pour le bonheur. Jésus leur montre le même chemin. Par contre, ils seront de ceux qui le suivront jusqu'au bout, jusqu'à la fin et qui poursuivront son œuvre au-delà de leur contrée, marquant à jamais l'histoire de l'humanité.

Deuxièmement, nous trouvons tous les détracteurs qui, inlassablement, s'opposaient à lui, critiquaient ses enseignements, scrutaient ses paroles à la loupe. Ils étaient nombreux et divisés en groupes religieux (pharisiens, saducéens, etc.) ou politique (zélotes). Ils tentaient constamment de prendre Jésus en défaut. « *Maître, nous voudrions te voir faire un miracle...* [103] », demandaient-ils de façon sarcastique. Ils l'observaient attentivement pour voir s'il contrevenait à la loi juive[104]. Parfois, l'un d'entre eux s'approchait de lui et entamait une conversation pour le mettre à l'épreuve et le piéger[105].

Je me suis souvent interrogé sur ce qui animait ainsi tous ces contestataires. Ne voyait-il pas le bien que Jésus faisait ? Pourquoi ce malin plaisir à tenter de le prendre en défaut ? Bien sûr, il y a toujours la réaction acceptable de ceux qui pourchassent l'imposteur ou qui tentent de confondre le beau parleur. Mais, dans toutes les scènes et les échanges relatés dans les évangiles, nous voyons plus que cela. Nous voyons des gens fermés qui ne cherchent pas à comprendre, aveuglés et mus à certains moments par une colère sourde et profonde, manifeste et insolente en d'autres occasions. Ils croyaient probablement trouver un exutoire à leur hargne en jetant leur dévolu sur une cible toute désignée. Cela traduit bien l'état d'âme de ceux dont le mépris masque leur propre mal être, leur propre souffrance intérieure. Une arrogance qui relève bien plus d'une stratégie maladroite pour éviter d'être confrontés à eux-mêmes plutôt que d'une réelle défense de leurs opinions.

En fait, les gens qui composent ce groupe particulier ne peuvent que difficilement comprendre les béatitudes parce qu'en fait, ils en sont l'incarnation inverse. Contrairement à la première béatitude, ils sont très loin d'être pauvres en esprit et d'avoir une ouverture à autre chose que ce qu'ils croient savoir. Étrangers à leur propre souffrance, il ne leur vient pas à l'idée qu'ils pourraient avoir besoin de consolation, comme Jésus le propose dans la deuxième béatitude. Il va de soi qu'ils sont profondément malheureux puisqu'il leur manque la souplesse et la docilité nécessaires pour expérimenter les bénédictions de Dieu.

Bien entendu, ils ne connaissent pas la satisfaction d'être comblés dans leur faim et leur soif de justice et de droiture parce qu'en fait, ils se sont forgés leur propre justice. Jésus les traite d'hypocrites parce qu'ils sont de mauvaise foi. Ils ne font qu'oppresser le peuple par l'interprétation rigide et légaliste d'une religion qu'ils détournent de son véritable sens. Les préceptes qu'ils professent et tentent d'imposer ne sont qu'un agrégat de règles inutiles dont le but est davantage de servir leurs intérêts égoïstes et, en même temps, de mieux asservir les autres. Ils sont misérables et entraînent les autres dans leur propre tourmente spirituelle. Étant malheureux, ils font tout ce qui est en leur pouvoir pour empêcher les autres d'avoir accès au bonheur qu'ils recherchent.

Ils vivent ce que j'appelle un désespoir confortable, pour ne pas dire un confort désespérant.

Enfin, ils sont loin d'avoir le cœur pur. Jésus s'adresse durement à certains d'entre eux leur disant de façon acerbe : « *Pharisien aveugle ! Nettoie premièrement l'intérieur de la coupe et du plat, afin que l'extérieur aussi devienne net. Malheur à vous, scribes et pharisiens hypocrites ! Parce que vous ressemblez à des sépulcres blanchis, qui paraissent beaux au dehors, et qui, au dedans, sont pleins d'ossements de morts et de toute espèce d'impuretés...* »[106]. Jésus ici faisait évidemment allusion à une religion de rituels extérieurs qui renie la puissance et la force d'une transformation intérieure.

Mais en regardant de plus près cette foule, on découvre un troisième groupe de gens beaucoup plus nombreux encore. Ce sont ceux qui se tiennent en périphérie, à distance. Ils écoutent et observent, à la fois fascinés et craintifs. Ils n'osent pas s'approcher davantage de peur d'être déçus, mais aussi par crainte de l'engagement. Ils vivent ce que j'appelle un désespoir confortable, pour ne pas dire un confort désespérant. Ils constituent la majorité silencieuse qui participe aux grands rassemblements, assiste à beaucoup de miracles de Jésus. Ces gens sont présents à la multiplication des pains et sont même nourris. À la limite, on pourrait les qualifier de fidèles accompagnateurs. Ils seront également témoins de l'arrestation de Jésus, de son procès, de sa condamnation et de sa crucifixion. Toujours sans s'impliquer, sans se compromettre, sans prendre position.

Il y a quelque chose de pathétique à observer tous ces auditeurs silencieux qui semblent si réceptifs. S'ils hochent la tête en signe d'acquiescement à ce que Jésus dit, d'emblée ce qui frappe néanmoins, c'est leur passivité. Ils ont une sorte d'incapacité et de résistance à progresser, à aller de l'avant afin de pouvoir s'approprier les bénédictions. Jésus connaissait ce groupe parmi lequel beaucoup n'étaient pas réellement ouverts. C'est pourquoi, très souvent, lorsqu'il prêchait, il répétait : « *Que celui qui a des oreilles entende…* »[107] Il voulait ainsi les inciter à aller de l'avant, à faire des pas concrets pour s'approcher de ce bonheur tant espéré. Jésus savait que ceux qui prennent le temps de s'arrêter, de comprendre et de mettre en pratique les préceptes qu'il énonçait, recevraient davantage que ceux qui ne font qu'entendre mais qui demeurent apathiques. « *Mais heureux sont vos yeux parce qu'ils voient et vos oreilles parce qu'elles entendent.* »[108]

Il serait trop facile de porter un regard empreint d'une certaine aversion envers tous ces gens qui accompagnaient Jésus. À mon avis, ils représentent bien les relations troubles et ambivalentes que les êtres humains entretiennent envers Dieu. Elles existent toujours ces personnes qui s'emportent et fustigent tout ce qui est nouveau et différent, sans chercher à comprendre le pourquoi du comment. Elle subsiste encore cette majorité silencieuse et imprévisible qui se contente de stagner dans un état malsain.

Mais au fond, toutes ces tendances représentent également des aspects de notre propre nature. Tantôt passive, à d'autres moments, réactionnelle. Le désir de Jésus face à cette foule, face à vous et moi, est d'éveiller suffisamment d'intérêt pour nous amener à quitter notre état léthargique et à nous engager avec lui sur un chemin de paix et de bonheur.

Heureux et en paix

Devant cette foule rassemblée pour l'entendre et qu'on imagine suspendue à ses lèvres, Jésus aborde une composante essentielle du bonheur : l'harmonie dans les relations humaines. Lorsqu'il parle de paix, cela n'est pas étranger aux oreilles de son auditoire puisqu'il poursuit aussi une longue tradition hébraïque. En effet, le terme hébreu *shalom*, paix, fait partie de leurs us et coutumes. Ils l'utilisent pour se saluer, en se disant mutuellement : « *Que la paix soit avec toi !* » Cette expression de politesse, comme bien d'autres le sont pour nous dans nos mœurs, est tellement coutumière qu'elle en perd son sens profond. Il n'y a plus cet engagement à maintenir des relations harmonieuses ni ce désir sincère de voir l'autre améliorer son sort.

Le mot *shalom* a une signification plus profonde qu'une formule de courtoisie. À l'origine, il tend à traduire un désir profond de voir l'autre prospérer et tirer bénéfice des bontés de Dieu. Il ne traduit pas une forme de paix résultant de tentatives d'évitement des troubles et des conflits. Dans un cimetière, il n'y a ni antagonisme ni tension et, tout le monde repose en paix. Mais vous conviendrez que ce n'est pas la paix que nous recherchons.

Dans le Nouveau Testament, le mot « paix » vient du grec *eirene*. Il décrit un état de sérénité, de contentement, de tranquillité d'esprit et de sécurité intérieure. La condition de celui qui détient cette paix de l'âme, est très proche de la définition du bonheur. En fait, elle en est probablement la caractéristique principale. Mais il réfère à beaucoup plus qu'un sentiment de bien-être ou de quiétude. Le mot « paix » possède le sens d'accord et d'harmonie entre deux parties. Ainsi, le sentiment de bien-être et de calme que nous éprouvons est davantage le résultat de l'établissement ou du rétablissement de l'harmonie dans nos relations que d'une expérience subjective inexplicable.

Ce détail est significatif car beaucoup de gens recherchent la paix et la sérénité en s'éloignant des autres et en s'isolant. « *J'ai besoin de paix. Je veux avoir la paix, laissez-moi en paix !* » sont des formules qui illustrent fort bien l'incompréhension de la valeur relationnelle de la paix. Bien sûr, nous avons tous besoin de temps de solitude pour retrouver un certain équilibre intérieur. Par contre, la meilleure façon d'éprouver la véritable paix réside dans nos efforts à établir et maintenir des relations harmonieuses. Dans la pensée des béatitudes, cette recherche d'harmonie s'établit dans trois sphères : dans notre relation avec Dieu, avec soi-même et avec les autres.

La paix avec Dieu

Les Saintes Écritures enseignent que Dieu est un Dieu de paix. Il n'est donc pas en guerre avec les hommes. Ce sont ces derniers qui sont dans l'affrontement avec lui parce qu'ils ne le connaissent pas ou le connaissent mal. La relation ambivalente et tumultueuse qu'ils entretiennent avec Dieu est basée sur de fausses perceptions et des conceptions erronées. Ils ne peuvent donc pas être en paix et en harmonie véritable avec lui tant qu'ils ne mettront pas de côté ces représentations inexactes. Pour cela, ils doivent faire affaire avec celui que j'appelle le Dieu « réel », c'est-à-dire Dieu dans la réalité de son être, dépouillé de toutes nos déformations malsaines.

Par exemple, certains, suite à toutes sortes de mauvais enseignements et de tristes expériences, se sont forgés une vision de Dieu qui est déformée et demeure imprimée dans leur pensée comme une image ineffaçable. Cette représentation est puissante en ce qu'elle influence la façon dont ces personnes vont établir leur relation avec Dieu. Cette représentation de Dieu est celle d'un Dieu « imaginaire », perçu comme :

- Cruel et capricieux
- Exigeant et peu enclin à pardonner
- Sélectif et tyrannique
- Distant et inaccessible
- Bon mais inconstant

> La croissance spirituelle est ce qui nous permet de grandir et de laisser cette vision infantile de Dieu.

Pas étonnant que ces gens ne soient pas en paix avec une représentation aussi sombre de Dieu. Ils ne réalisent pas que cette perception qu'ils ont de lui n'est que le fruit de leur imagination et n'est en aucune mesure comparable à la révélation que les Saintes Écritures donnent de Dieu. Tristement, ils vont passer leur vie entière prisonniers d'une image grotesque qui va nuire considérablement à leur marche spirituelle.

D'autres, en réaction à un Dieu qu'ils considèrent menaçant, se sont façonné un Dieu « idéal » qu'ils peuvent changer au gré de leurs humeurs et de leurs envies, de façon à ne jamais prendre le risque d'être remis en question. Ils le voient comme :

- Soumis et obéissant
- Quelqu'un qui pense comme eux
- Un être qui ne contredit et ne contrarie jamais
- Nébuleux, imprécis et changeant
- Un croisement entre un papa gâteau et le père Noël

Thomas Merton disait : « *L'idée que nous avons de Dieu nous dit davantage sur ce que nous sommes que sur ce qu'il est*[109] ». Il a bien raison. On voudrait que Dieu change quand, en fait, c'est nous qui devons changer et adopter une conception biblique de ce qu'il est. La croissance spirituelle est ce qui nous permet de grandir et de laisser cette vision infantile de Dieu, pour en embrasser une plus mature et davantage conforme aux Saintes Écritures. L'apôtre Paul avait compris cela quand il disait : « *Lorsque j'étais enfant, je parlais comme un enfant, je pensais comme un enfant, je raisonnais comme un enfant ; lorsque je suis devenu adulte, j'ai fait disparaître ce qui était de l'enfant*[110] ».

Thomas Merton observait avec justesse que : «... *nous ne sommes pas en paix avec les autres parce que nous ne sommes pas en paix avec nous-mêmes. Nous ne sommes pas en paix avec nous-mêmes parce que nous ne sommes pas en paix avec Dieu*[111] ». Le premier pas pour devenir un véritable artisan de paix est bien sûr de faire la paix avec Dieu. Mais cela ne suffit pas. Il faut aussi pouvoir régler ce que nous avons à régler avec nous-mêmes.

La paix avec soi-même

Les gens ne réalisent pas qu'ils sont en relation avec eux-mêmes tout comme ils le sont avec les autres. Cela me fait penser à cette caricature décrivant cet homme debout devant son miroir le matin et qui apostrophe son propre reflet dans la glace en disant : « *Dis-moi, aujourd'hui tu es avec moi ou contre moi ?* » C'est la tendance que nous avons tous, à certains moments, à être en conflit avec nous-mêmes, devenant ainsi les artisans de nos propres tourments. Nous sommes parfois notre pire ennemi. La guerre qui fait rage dans notre cœur ne provient pas seulement de nos inimitiés avec Dieu. Elle résulte bien souvent de nos difficultés à assumer notre condition, à vivre en paix et en harmonie avec nous-mêmes.

Diverses sources sont à l'origine de cela mais nous ne pouvons pas en faire la nomenclature détaillée dans ce livre. Parfois, il s'agit de troubles émotionnels, comme la peur et l'angoisse qui nous terrorisent ou encore d'un sentiment de culpabilité qui exige chaque jour davantage de nous. D'autre fois, c'est la honte qui nous renvoie l'image que nous ne valons pas grand chose, que nous ne sommes rien. Ces états d'âme aliénants tuent littéralement notre paix et notre joie et affectent nos relations.

Ces tourments qui nous font souffrir et troublent ainsi notre paix constituent ce que je qualifierais d'indices de malheur ou de mal-être. Ce sont des signaux avertisseurs qui nous préviennent qu'il est grand temps d'affronter ces émotions destructrices et de dénouer les nœuds. Sinon, à la longue, ils finissent par empoisonner notre existence et perturbent nos rapports avec notre entourage.

> « Agissez envers vous-mêmes comme vous le feriez envers les autres. »

Beaucoup de gens négligent de faire face à leurs difficultés intérieures et restent malheureux en croyant que ce qu'ils vivent ne peut changer. D'autres les banalisent ou les nient tout simplement. À la limite, c'est de la maltraitance envers eux-mêmes. Ils se traitent plus durement qu'ils ne le feraient envers les autres. Bien souvent, lorsque je rencontre ce type de personnes, je leur propose ce que j'ai nommé la règle d'argent. La règle d'or est bien connue et dit ceci : « *Comme vous voulez que les gens agissent envers vous, agissez de même envers eux* »[112]. La règle d'argent est une variante de celle-ci et prend la forme suivante : « *Agissez envers vous-mêmes comme vous le feriez envers les autres* ». Ni plus, ni moins. Le second pas pour devenir celui ou celle qui apportera la paix consiste à entrer en paix avec soi-même.

La paix avec les autres

Les conflits interpersonnels sont probablement les pires sources de malheurs dans ce monde. Ils se trouvent dans tous les aspects des rapports humains :

- Les couples s'entredéchirent et terminent leur union dans des divorces douloureux.
- Les enfants pleurent et se désolent de voir leurs parents se disputer.
- Les rivalités entre les enfants créent des fossés qui prennent des années à se combler.
- Des milieux de travail deviennent pollués par un climat où règnent la discorde, les moqueries, les jugements et les rejets.
- Les patrons maltraitent et exploitent leurs employés.
- Les employés à leur tour se vengent de leurs patrons.
- Les guerres civiles divisent des pays entiers.
- Les génocides comme au Rwanda disséminent des populations entières.
- Les églises se divisent en factions qui s'affrontent et se détruisent.

L'histoire de l'humanité est une succession de guerres et de conflits qui n'ont pas réellement diminué avec l'évolution des sociétés. Les hommes modernes ont cru que l'avancement de la science, l'amélioration des conditions économiques ou l'accession à des niveaux supérieurs d'éducation permettraient d'éradiquer les affrontements et les tensions entre les peuples. Mais les conflits se sont davantage sophistiqués et les hommes se sont raffinés dans leur capacité de destruction. Cela est vrai à l'échelle mondiale, mais aussi au niveau plus restreint de nos vies personnelles.

Bien sûr, il existe et existera toujours des occasions de conflits et de divergences entre les gens et entre les groupes les plus divers. Il est évidemment impossible sur l'ensemble d'une vie d'établir et de maintenir de façon constante des relations harmonieuses. Il est illusoire de croire qu'il n'y aura ni différends ni affrontements. Le véritable défi des relations humaines réside dans un désir sincère de conciliation et de réconciliation. Faire la paix avec les autres ne veut pas dire fuir, se défiler ou s'écraser, mais poursuivre, avec acharnement et respect, une démarche active de résolution des différends.

Il faut garder à l'esprit dans cette béatitude, que la bénédiction s'adresse à ceux qui procurent la paix, ceux qui en sont artisans. C'est bien d'être en paix, mais c'est encore mieux de rechercher à l'établir. C'est l'essence du message que contenait cette septième béatitude et que Jésus enseignait à toute cette foule qui l'écoutait. L'objectif de Jésus ne consistait pas à procurer une paix de l'âme ou une sérénité méditative, mais à aller plus loin afin que nous puissions devenir des agents de paix.

Dans plusieurs portions du reste du sermon sur la montagne, Jésus insistera à nouveau sur la nécessité d'assurer et de maintenir une bonne entente. Il en fera la caractéristique première de ceux qui professent qu'ils sont croyants. Jésus insistait pour que leur dévotion envers Dieu se traduise par des gestes concrets d'amour, d'entraide et de pardon les uns envers les autres. À plusieurs reprises, il s'opposera aux concepts religieux ritualisés en ce temps-là, en leur proposant un mode de relations basées sur des valeurs supérieures à ce qu'ils proclament. Voilà pourquoi, il répètera souvent avec autorité : « ... *il vous a été dit... Mais MOI, je vous dis* ».

- « *Vous avez entendu qu'il a été dit aux anciens : tu ne tueras point ; celui qui tuera mérite d'être puni par les juges. Mais moi, je vous dis que quiconque se met en colère contre son frère mérite d'être puni par les juges.*[113] »
- « *Vous avez appris qu'il a été dit : œil pour œil, et dent pour dent. Mais moi, je vous dis de ne pas résister au méchant. Si quelqu'un te frappe sur la joue droite, présente-lui aussi l'autre.*[114] »
- « *Vous avez appris qu'il a été dit : tu aimeras ton prochain, et tu haïras ton ennemi. Mais moi, je vous dis : Aimez vos ennemis, bénissez ceux qui vous maudissent, faites du bien à ceux qui vous haïssent, et priez pour ceux qui vous maltraitent et qui vous persécutent, afin que vous soyez fils de votre Père qui est dans les cieux.*[115] »

Le troisième pas pour devenir un artisan de paix consiste à mettre tous nos efforts pour chercher la paix, la maintenir et la propager. À l'exemple de St-François d'Assise, nous pouvons prier et dire à Dieu :

*« Seigneur, fais de nous
des instruments de paix... »*

*« Là où il y a la haine...
que nous mettions l'amour ;*

*Là où il y a l'offense...
que nous mettions le pardon ;*

Là où il y a la discorde…
que nous mettions l'union ;

Là où il y a le doute…
que nous mettions la foi ;

Là où il y a l'erreur…
que nous mettions la vérité ;

Là où il y a le désespoir…
que nous mettions l'espérance ;

Là où il y a les ténèbres…
que nous mettions la lumière ;

Là où il y a la tristesse…
que nous mettions la joie.

Ô, Maître ! Que nous ne cherchions pas tant

À être consolé qu'à consoler,

À être compris qu'à comprendre,

À être aimé qu'à aimer,

Car c'est en se donnant qu'on reçoit

C'est en s'oubliant que l'on trouve,

C'est en pardonnant qu'on est pardonné,

C'est en mourant qu'on ressuscite à la vie éternelle.[116] »

Le bonheur dans un monde meilleur

Les Romains à l'époque de Jésus voulaient bâtir à leur façon un monde meilleur. Ils propageaient la *Pax Romana* ou la paix romaine. Cependant, ils l'ont fait par la force, grâce à leur puissance militaire. Mais vous serez d'accord avec moi pour dire que c'était une paix imposée de façon unilatérale qui ne s'est maintenue que dans la mesure où les légions romaines la maintenaient par la contrainte et la domination. C'était une paix exercée sous pression extérieure. Ils ont tenté de créer un monde meilleur comme les Grecs avant eux et comme bien d'autres après eux. Le résultat est que cette paix n'a jamais été durable.

La paix que Jésus propose est intérieure et nécessite l'adhésion du cœur. C'est une paix reçue, entretenue et transmise de façon complètement volontaire. Jésus n'oblige pas la foule à adhérer à son enseignement. Il essaie plutôt de la convaincre en touchant les cœurs et en démontrant que le bonheur est dans la paix et l'harmonie.

« *Quel est l'homme qui aime la vie ?* dit le psalmiste. *Qui désire la prolonger pour jouir du bonheur ? Préserve ta langue du mal, et tes lèvres des paroles trompeuses ; éloigne-toi du mal, et fais le bien ; recherche et poursuis la paix.*[117]» Savez-vous que le chemin du bonheur passe inévitablement par la solidarité et la bonne entente avec nos semblables ? Tout autour de nous, les gens sont malheureux, blessés, confus. Le principe de réciprocité dans les relations humaines fait en sorte que les gens blessés blessent les gens et que ceux qui sont malheureux en entrainent d'autres dans le malheur. Par contre, le même principe s'applique dans des dimensions positives et constructives de la vie. Les gens guéris apportent la guérison à d'autres et ceux qui sont bénis bénissent les autres. Ceux qui connaissent la paix de l'esprit deviennent des propagateurs de cette paix, tout comme les gens heureux en viennent à semer la joie de vivre dans leur entourage. Pour nous qui croyons en Dieu, nous savons que le bonheur de le connaître ne saurait être complet sans qu'il soit répandu chez tous ceux qui nous entourent.

Lorsque Jésus dit « *heureux ceux qui procurent la paix car ils seront appelés fils de Dieu* », il ne signifie pas que la récompense de ceux qui cherchent à établir l'harmonie entre les hommes est qu'ils deviennent des enfants de Dieu. Il explique que ce sont ceux qui sont réellement « les fils de Dieu » qui peuvent apporter la paix de Dieu. Quand nous expérimentons cette paix, faisons la paix et cherchons à l'établir, nous nous comportons comme Dieu le désire et nous éprouvons un contentement indéfectible.

Vous cherchez peut-être le bonheur par l'accumulation de biens, par une vie de plaisir, par la recherche du succès. Bien que toutes ces choses ne soient pas mauvaises en soi, elles ne comblent que de façon éphémère les aspirations du cœur humain. Par contre, il n'y a pas de plus grande joie que de contribuer à faire de ce monde un monde meilleur. Comme le disait Gandhi : « *Vous devez être ce changement que vous voulez voir dans ce monde*[118] ». Ce monde torturé dans lequel nous vivons aspire à l'accalmie, à la paix et à la sérénité. Qu'on le veuille ou non, notre bonheur est tributaire du leur. Quelle joie immense que de leur montrer la voie en marchant côte à côte avec eux, solidaires ! En contribuant à leur bonheur, on préserve aussi le nôtre.

9

Le chemin du BONHEUR passe par le SACRIFICE

« Heureux
ceux qui sont persécutés
à cause de la justice,
car le royaume des cieux
est à eux. »

MATTHIEU 5.10
HUITIÈME BÉATITUDE

« De nombreuses personnes se font une fausse idée du bonheur. On ne l'atteint pas en satisfaisant ses désirs, mais en se vouant à un but louable. »

HELEN KELLER

Il existe à l'intérieur de vous et moi une aspiration profonde qui nous attire vers quelque chose de plus grand que nous, vers un idéal qui transcende notre simple passage sur cette terre. Ce besoin intérieur lorsqu'il est reconnu et respecté, nous amène à trouver ce qu'on appelle communément notre mission de vie. Cette découverte nous propulse à son tour vers des choix qui, s'ils sont faits dans le respect de cette mission, vont nous apporter une joie indicible, un sens profond de complétude. J'aime le mot complétude car il évoque en moi le caractère de quelque chose qui est achevé et complet, mais aussi le sentiment de plénitude, de satisfaction résultant de la certitude d'une vie accomplie.

Il y a plus de cinquante ans, un chercheur américain d'origine allemande, Erik H. Erikson, publiait un livre[119] étonnant dans lequel il expliquait les étapes du développement de l'homme sur l'ensemble de sa vie. C'est par une observation assidue du cycle de la vie humaine qu'il comprit que nous passons tous au travers de certaines phases auxquelles sont rattachés des défis à relever. L'étape de la vie adulte possède un double enjeu : générer quelque chose de constructif qui va faire en sorte que nous allons laisser la trace de notre passage sur terre ou, à l'inverse, sombrer dans un état de stagnation accablante qui paralyse notre existence. Cette trace sur terre ressemble à un legs, un héritage. C'est le souvenir que nous aurons laissé et que chériront les gens que nous aurons côtoyés. Lorsque nous avons la certitude que ce que nous sommes et ce que nous faisons porte ainsi un fruit durable, nous pouvons poursuivre notre vie en paix avec une pleine satisfaction et envisager la fin de notre parcours avec sérénité. Nous savons que nous avons achevé l'entièreté du cycle de notre vie et que d'autres reprendront le flambeau pour poursuivre leur propre mission. Dans le cas contraire, le désespoir devient le douloureux prix de consolation.

Il appartient à chacun de nous de découvrir la mission rattachée à notre vie. Certains ont peur de la découvrir à cause du coût et des sacrifices qu'elle engendre. Ils vivent les tourments d'une fuite constante parce qu'ils se refusent à vivre ce pour quoi ils ont été créés. Bien sûr, nous n'avons pas tous été appelés à de grandes tâches qui vont nécessairement marquer l'histoire de l'humanité. Mais chacun de nous, à sa façon, peut contribuer à faire sa part : c'est un peu comme si on déposait notre petite pièce de puzzle dans le grand tableau de la vie pour le compléter. Découvrir et réaliser notre mission dans l'existence constitue une grande source de bonheur et de satisfaction.

Il appartient à chacun de nous de découvrir la mission rattachée à notre vie.

Je me souviens fort bien de la découverte de ma propre mission. Elle s'est révélée à moi, un peu à mon insu, au tout début de la vingtaine. Laissez-moi vous raconter cet épisode de mon histoire personnelle. Je suis chrétien depuis plus de trente ans. L'expérience originelle de ma rencontre avec Dieu s'est produite le jour de mes vingt ans, en 1975 alors que je sortais à peine de l'adolescence, meurtri, confus et torturé comme probablement l'étaient beaucoup de jeunes de mon âge. Je me souviens que cette journée avait été fort arrosée (en alcool, bien sûr) puisqu'il était de tradition dans mon groupe de copains de l'époque de faire, lors de l'anniversaire de l'un d'entre nous, ce que nous appelions la « tournée des grands ducs » : nous partions tous ensemble pour faire la fête et la tournée des boîtes de nuit. Comme il arrive souvent lors des soirées où l'alcool coule à flots, une altercation avec un gang de jeunes criminels dégénéra en bagarre de rue en règle et se termina à mon désavantage. Ce soir-là, ensanglanté, le nez fracturé, complètement amoché et terrorisé, je criai de toutes mes forces à Dieu : « *Si tu es là, délivre-moi ! Sors-moi d'ici !* » Un cri de l'âme sans condition, sans discussion, sans réserve.

Cet épisode modifia radicalement le cours de mon existence. Il devint comme une borne de séparation, il y eut un avant et un après. Depuis ce temps, il n'existe plus aucune mesure entre ce que j'étais et ce que je suis devenu ou encore, comment je me sentais et comment je me sens maintenant. Bien sûr, le parcours n'a été ni facile, ni simple ni magique. À partir de là, beaucoup de choses ont dû être redressées dans ma vie, tant à l'intérieur qu'à l'extérieur. Mon cri de désespoir de ce fameux soir m'a tout de même mené vers une rencontre personnelle avec Dieu et, de cette rencontre, la découverte de la mission de ma vie.

Quelques mois après cette expérience spirituelle, la passion et le désir d'aider les autres se sont imposés à moi sous la forme de ce que j'appelle une sainte obsession. Chaque jour, j'étais tourmenté par le sort de ceux qui souffrent, ceux à qui la vie ne semble jamais donner de chances. J'étais malheureux et je ne savais quoi faire pour mettre fin à mes préoccupations intérieures. Surtout, je ne savais pas que ce désir incessant était en fait initié, aux confins de mon âme, par Dieu lui-même.

Peu à peu, j'ai accepté de suivre ce courant intérieur qui m'a amené au fil des ans à choisir et suivre une formation adéquate et à m'orienter dans une direction pouvant me permettre d'accomplir cette mission. Depuis trente années déjà, je n'ai jamais perdu de vue ce but. Dans mon cas personnel, atteindre cet objectif s'est traduit par une série d'initiatives qui m'ont permis d'aider tous ces gens à sortir de leur condition. Je suis passionné de la vie et ma plus grande source de satisfaction est d'amener des gens à expérimenter la vie abondante que Dieu désire accorder à tous, c'est-à-dire une existence heureuse et significative.

Une vie à donner

On raconte qu'un jour le grand violoniste Itzhak Perlman donna un concert bénéfice à Vienne, en Autriche. Ensuite, une réception eut lieu où toute l'élite de la ville participa moyennant un coût d'entrée faramineux. Itzhak Perlman se mit debout, flanqué de deux gardes du corps et tous les invités s'approchaient de lui, un par un, pour le saluer. À un moment précis, un homme s'avança pour lui rendre hommage et le remercier. Il lui dit : « *Monsieur Perlman, vous avez été phénoménal ce soir ! Vous étiez absolument fantastique !* » Le grand violoniste sourit et le remercia gracieusement pour ces bons compliments. L'homme reprit la parole et lui dit : « *Toute ma vie, j'ai eu une passion pour le violon et j'ai entendu les plus grands. Mais je n'ai jamais entendu quelqu'un faire une prestation aussi brillante que vous ce soir !* » Perlman sourit, sans dire un mot. L'homme continua et ajouta : « *Vous savez, je donnerais toute ma vie pour jouer comme vous l'avez fait ce soir.* » Perlman sourit encore une fois et lui répondit : « *C'est justement ce que je fais !*[120] »

> La confusion moderne provient du fait que les gens confondent plaisir et véritable bonheur.

Nous nous donnons tous pour quelque chose. Nous nous investissons, dépensons argent et énergie pour des choses bien futiles, éphémères et si peu essentielles à une vie significative. La confusion moderne provient du fait que les gens confondent plaisir et véritable bonheur. Le plaisir est un état que l'on peut qualifier d'assez sensoriel, agréable, mais très court dans son expérience. Nous éprouvons une émotion forte, une joie spontanée, mais de courte durée. L'expression « ce fut un réel plaisir » nous donne le sens que l'expérience fut très agréable mais aussi très succincte. On peut difficilement s'imaginer un état de plaisir qui durerait une semaine entière. Une journée de plaisir ne fait pas allusion à un état constant, mais à l'accumulation de tous petits plaisirs, s'additionnant les uns aux autres.

Beaucoup de gens se gavent de plaisirs de tous genres pour lutter contre un vide existentiel. Ils sont heureux tant que cette sensation dure et après, c'est le vide et le manque. C'est en quelque sorte l'expérience malheureuse et dramatique de tous les drogués qui utilisent des plaisirs artificiels. Lorsque l'effet est passé, le mal-être et la douleur morale sont décuplés au point qu'ils ne peuvent pas tolérer un si grand malaise et qu'ils doivent rapidement s'anesthésier avec une dose supplémentaire. Cependant, il existe un plus grand bonheur qui dépasse le simple plaisir et qui se prolonge en effet et en durée. Il s'agit du bonheur de consacrer sa vie à quelque chose de transcendant, de plus grand que nous qui va nous permettre, une fois pour toutes, de combler le vide existentiel qui mine notre vie.

Heureux ceux qui sont persécutés

Jésus termine son exposé des béatitudes par une parole, encore une fois, fort étonnante : *heureux ceux qui sont persécutés*. Comment peut-on être heureux tout en étant persécutés ? En quoi l'opposition ou les menaces à notre égard peuvent-elles être une source de joie et de bonheur ? Nous retrouvons ici un peu du paradoxe de la souffrance abordé au chapitre trois de cet ouvrage. Bien sûr, il n'y a pas ici une recherche de la persécution en tant que telle tout comme on ne cherche pas à souffrir pour souffrir. La persécution est la réaction des autres au style de vie, aux valeurs et au message que nous professons.

Le monde dans lequel Jésus est venu n'a que difficilement voulu de la parole qu'il apportait, simplement parce que celle-ci est trop exigeante. Elle demande un sacrifice, le sacrifice d'une vie entière. Maurice Sachot, dans son livre « Quand le christianisme a changé le monde », a tenté de cerner les facteurs qui ont fait en sorte que le christianisme a eu un impact si puissant sur le cours de l'Histoire. Il évoque que le propos central de Jésus est un appel à la conversion et mentionne : « *...il s'agit avant tout d'une conversion du cœur, d'une conversion personnelle à très forte implication morale, d'un retour, d'un repentir...* [121]» La conversion (littéralement la transformation) implique un repentir et une réformation des mœurs et des modes de vie. Dans la Bible, cela suppose toujours un changement de pensée et de cap vers ce qu'il y a de meilleur. Quand les gens changent, le monde qui les entoure se met aussi à changer. Pour être efficace, le message de Jésus doit mener vers une conversion et un don de soi et être vécu ensuite, comme nous l'avons vu tout au long de la description des béatitudes, dans chaque aspect de notre vie.

Malheureusement, les gens veulent rendre un culte à Dieu qui ne se limite bien souvent qu'à une expérience dominicale. Ils vont à l'église le dimanche et, le lundi, la vie reprend son cours normal sans que rien n'ait changé. Personnellement, j'ai toujours cru que c'est le lundi que l'on reconnaît un vrai chrétien et non le dimanche. C'est dans le quotidien, lorsque nous sommes confrontés à toutes sortes de situations plus ardues les unes que les autres, que les principes énoncés par Jésus sont mis à l'épreuve. En théorie, tous les principes se valent. C'est dans la pratique que nous pouvons réellement distinguer le vrai du faux, ce qui fonctionne de ce qui ne fonctionne pas.

Le Nouveau Testament, en parlant de Jésus, le compare à une lumière qui vient éclairer ce monde. L'apôtre Jean, dans le prologue de son évangile, dit : « *La lumière luit dans les ténèbres, et les ténèbres ne l'ont point reçue*[122] ». Ce que Jean mentionne, par cette métaphore qui compare Jésus à la lumière, est que ce monde enténébré s'est fermé à sa venue et à son message. Tous ces gens avaient désespérément besoin de changement, mais lorsque les possibilités de le faire se sont présentées à eux, ils ont, pour la plupart, résisté. Ils ont refusé une conversion à une vie meilleure.

Ce qui était vrai à l'époque de Jésus l'est toujours de nos jours. Les gens réagissent au message de Jésus davantage comme s'il était une menace plutôt qu'une solution à leurs maux. Ils réagissent aux chrétiens parce qu'ils les identifient à ce que prônait Jésus-Christ. Et, parce qu'ils n'aiment pas le message, ils font taire les messagers. Cela est vrai pour le message évangélique et se confirme dans bien d'autres aspects de la vie où les hommes doivent effectuer des changements. Très peu de pays ont eu une « conversion » au respect des droits de l'homme sans que cela coûte la vie d'une personne ou de plusieurs. Laissez-moi vous donner quelques exemples.

- Benigno Aquino. Il fut emprisonné et plus tard envoyé en exil par le dictateur Ferdinando Marcos des Philippines. Benigno Aquino se convertit durant ses années de prison et plus tard, alors qu'il était en exil, il promit qu'un jour il retournerait dans son pays pour libérer son peuple et ramener la démocratie. Malgré des menaces de mort et la possibilité d'un attentat contre lui, il choisit tout de même de rentrer dans son pays. Dans l'avion qui le conduisait à Manille, il confia à un journaliste : « *Les Philippins valent la peine que je meure pour eux !*[123] » Lorsqu'il sortit de l'avion, on tira sur lui à bout portant et il mourut sur la piste de l'aéroport de Manille. Plus de deux millions de personnes assistèrent à ses funérailles[124]. Sa mort déclencha un mouvement populaire qui propulsa sa propre femme à la présidence des Philippines, emmenant ainsi le pays sur la voie de la démocratie.

- Martin Luther King. Dans les années cinquante, ce pasteur baptiste, apôtre de la non-violence, a pris la tête d'un mouvement qui a littéralement bouleversé et changé les mentalités et les structures mêmes de la société américaine. Celui-ci avait été marqué dès son enfance par les inégalités raciales et sociales et par la ségrégation dont les personnes de race noire étaient victimes. Un jour, l'arrestation d'une femme de race noire[125] ayant refusé de s'installer dans la section réservée aux personnes de race noire dans un autobus, lui donna l'occasion de passer à l'action. En réaction à cette injustice, celui-ci, interpellé, lança alors une offensive, jetant ainsi les bases d'un mouvement qui sensibilisa la population aux conditions des noirs américains et rétablissant un nouveau mode de justice sociale. Martin Luther King disait : « *Tant qu'un homme n'a pas découvert quelque chose pour lequel il serait prêt à mourir, il n'est pas à même de vivre* ». Il est parfois coûteux pour les croyants de jouer le rôle auquel ils ont été appelés. Martin Luther King, malgré le fait qu'il ait été récompensé par le prix Nobel de la Paix (1964), fut assassiné au cours d'une marche pour les pauvres dans la ville de Memphis au Tennessee.

- Dietrich Bonhoeffer. Théologien allemand, il fut pendu lors de son incarcération dans un camp de concentration à cause de son opposition à Adolf Hitler et au nazisme. Le dimanche 8 avril 1945, Bonhoeffer est amené par deux soldats allemands vers son exécution. Au moment de quitter sa cellule, il dira à un autre prisonnier : « *C'est la fin, mais pour moi, c'est le commencement d'une autre vie*[126] ». Il fut pendu le lendemain, une semaine avant l'arrivée des forces alliées. Il disait déjà, bien avant ce jour fatidique : « *...qu'endurer la croix n'est pas une tragédie ; c'est la souffrance qui constitue le fruit d'une véritable allégeance à Jésus-Christ*[127] ».

Vous me direz que ces trois personnes sont des exemples de situations extrêmes. Je vous donne en partie raison. Comme vous le savez, l'Histoire est un cycle qui se répète. Dans bien des pays du monde, beaucoup de gens sont persécutés à cause de leur foi et de leur implication dans des œuvres de justice et de réforme sociale. Bien que la plupart d'entre nous n'aurons pas à vivre des conditions aussi pénibles, nous sommes nous aussi constamment confrontés, à des niveaux moindres, à des injustices qui perdurent parce que nous ne disons et ne faisons rien pour qu'elles cessent. En fait, nous restons très passifs parce que nous avons peur des réactions des gens à notre égard. Réfléchissez à toutes les fois où vous avez eu l'occasion de parler, de prendre position et que vous vous êtes tu. Vous souvenez-vous du sentiment de honte que vous avez éprouvé après coup ? Dans ces moments, aucune personne en bonne santé mentale ne peut dire qu'elle se sent bien et que la vie est belle. À la place, nous rationalisons, nous étouffons nos sombres sentiments et poursuivons notre existence comme si de rien n'était.

Une des caractéristiques de Jésus était sa profonde honnêteté. Il n'a rien caché aux gens et a exposé, bien clairement, ce qui arriverait à ceux qui le suivraient : « *Vous serez haïs à cause de mon nom...*[128] » Vers la fin de son séjour sur terre, il a déclaré explicitement à ses disciples, « *s'ils m'ont persécuté, ils vous persécuteront aussi*[129] ». L'apôtre Paul a dit à Timothée : « *Tous ceux qui voudront vivre pieusement en Jésus-Christ seront persécutés*[130] ». Dans la vie de l'église primitive, la persécution n'était pas optionnelle, elle était inévitable. Les disciples et les premiers chrétiens ont été persécutés pour diverses raisons[131] :

« C'est la fin, mais pour moi, c'est le commencement d'une autre vie. »

- Ils étaient accusés de cannibalisme à cause des paroles de Jésus à la dernière scène : ceci est mon corps (mangez) ceci est mon sang (buvez). Ces paroles étaient détournées de leur vrai sens, et les chrétiens étaient accusés de sacrifier des enfants et de verser le sang.
- Ils étaient dénoncés pour conduite immorale et orgies parce qu'ils avaient régulièrement des « agapes », des « fêtes d'amour » et qu'ils se saluaient par un sain baiser.
- Ils étaient accusés d'être incendiaires parce qu'ils parlaient des visions apocalyptiques d'un monde consumé par les flammes. Leurs opposants déformaient ces paroles, les accusant de complots politiques. Ils furent d'ailleurs blâmés pour l'incendie de Rome quelques années plus tard.
- Ils refusaient d'adorer « le seigneur César » et de rendre un culte à quelqu'un d'autre qu'au Seigneur Jésus. Confrontés au dilemme César ou

> Christ, ils choisissaient Christ sans compromis. Le crime des premiers chrétiens étaient, plus que tout autre chose, de placer Jésus au-dessus de César.

Pourquoi les disciples et les premiers chrétiens ont-ils accepté d'être ainsi persécutés ? Certains furent jetés aux lions, brûlés vifs, torturés. Néron s'est servi d'eux comme torches vivantes pour illuminer son jardin. D'autres furent démembrés, lapidés et virent leurs enfants tués. Presque tous les apôtres moururent en martyrs[132] :

- André : crucifié sur une croix en X parce qu'il refusa d'être crucifié comme son Maître.
- Barthélemy : écorché vif avec des couteaux.
- Jacques, fils de Zébédée : premier martyr, il fut tué par l'épée.
- Jacques, fils d'Alphée : son corps fut scié.
- Jude : tué par des flèches.
- Pierre : crucifié la tête en bas parce qu'il ne se trouvait pas digne d'être crucifié comme son Maître.
- Paul : décapité à Rome durant la persécution sous l'empereur Néron.
- Philippe : pendu.
- Simon le zélote : mort martyr en Perse pour avoir refusé de faire un sacrifice au dieu soleil.
- Thomas : tué par une lance.
- Jean : mort en exil de cause naturelle.

Il y a une seule et unique raison pour qu'ils aient accepté de mourir ainsi : Jésus ! Il a fallu que l'empreinte de Jésus laissée sur leur cœur soit suffisamment pénétrante pour qu'ils refusent de la voir disparaître par la trahison de leur foi. Il a fallu que l'amour dont Jésus les a aimés fût tellement grand que ni la vie, ni la mort, ni la souffrance ne pouvaient les empêcher d'y goûter encore davantage pour l'éternité. Leur vie était imprégnée de la foi à un point tel que, sans elle, plus rien n'avait de sens. Ils avaient découvert le véritable bonheur.

Un chemin de sacrifice

Peut-être êtes-vous effrayé à la lecture de ces lignes, et que la seule idée de souffrir devient intenable ? Vous vous dites que vous n'êtes pas prêt à payer le prix de votre vie. L'espace d'un instant enlevez de votre esprit l'idée d'une torture abominable. Mais, réfléchissons plutôt à la notion de sacrifice. Ce terme a parfois une connotation négative, surtout à notre époque où les inconvénients, qui pouvent affecter notre bien-être, doivent être évités à tout prix. Le sacrifice est simplement le prix que nous payons pour avoir ce que nous voulons. La réalité est qu'il y en a toujours un à faire pour parvenir à nos objectifs ou combler un de nos besoins. Parmi les moyens que nous utilisons pour parvenir à nos fins, il y a toujours une part de renoncement et de privation.

Dans leurs disciplines, les athlètes paient un prix énorme en conditionnement physique, en douleurs musculaires afin de parvenir à la victoire et de monter sur les marches du podium. Les artistes sacrifient leur sécurité, en s'exposant souvent à la critique implacable, pour l'amour de leur art et la reconnaissance du public. Les entrepreneurs paient le prix fort en temps et en effort dans le but de développer leur entreprise. Tout cela constitue des sacrifices que je qualifie de positifs. Mais il y a également tous ceux qui sacrifient leurs vies par des contraintes moins nobles. Les personnes aux prises avec des dépendances (toxicomanie, jeu, alcool, sexe, etc.) saccagent leur santé physique, psychologique et morale et de plus, détruisent leur environnement familial par leur accoutumance maladive. Les criminels gaspillent leur existence et celle des autres pour leurs vices et leurs crimes. Dans des dimensions moins dramatiques, les parents donnent leur vie entière pour leurs enfants : grossesse, soins de l'enfance, défis de l'adolescence, angoisses de leur établissement dans la vie adulte. Les étudiants passent des heures à étudier pour l'obtention de leur diplôme.

Voyez-vous, un prix est toujours payé pour une chose ardemment désirée. La véritable question n'est pas de choisir entre sacrifier ou ne pas sacrifier, mais plutôt de savoir ce que nous allons sacrifier. Il y a de nobles sacrifices et d'autres qui sont ignobles. Ce n'est pas parce que l'on meurt pour quelque cause, que celle-ci est moralement juste. Jésus dit : « *Heureux sont qui persécutés pour la justice* ». Il y a un prix à payer pour un bonheur durable. Rappelez-vous : rien n'est gratuit !

Un royaume pour les persécutés !

Les huit béatitudes sont un peu comme la gamme musicale. Celle-ci commence par la note do et se termine par la note do. Les béatitudes commencent par le royaume des cieux et se terminent par le royaume des cieux. Si nous avons accès au royaume dans sa portée terrestre par la première béatitude, la dernière béatitude étend sa bénédiction jusque dans l'éternité. Contrairement aux béatitudes précédentes, Jésus ajoute à cette dernière les paroles suivantes : « *Heureux serez-vous, lorsqu'on vous outragera, qu'on vous persécutera et qu'on dira faussement de vous toute sorte de mal, à cause de moi. Réjouissez-vous et soyez dans l'allégresse, parce que votre récompense sera grande dans les cieux ; car c'est ainsi qu'on a persécuté les prophètes qui ont été avant vous*[133] ».

Tout au long de ces chapitres, j'ai décrit le bonheur comme un chemin, en expliquant qu'il n'était pas une destination en soi. Permettez-moi de nuancer un peu mon propos. Dans tout voyage, le but final demeure quand même important. Nous voyageons tous dans une direction précise. En fait, l'agrément ou le désagrément du voyage est aussi lié à notre destination. Par exemple, le trajet vers l'hôpital ne soulève évidemment pas les mêmes sentiments que celui vers un grand magasin. Le chemin vers la prison n'est aucunement comparable à la route menant vers un couronnement. Le trajet pour retrouver ceux que nous aimons n'a pas la même teneur qu'un détour obligé vers ceux qui nous méprisent.

Il y a de nobles sacrifices et d'autres qui sont ignobles.

Il en est de même pour le voyage de la vie. De tout temps, l'espérance finale des croyants a été dans l'au-delà, dans leur rencontre finale avec leur Sauveur et Seigneur. L'apôtre Paul estimait avec assurance et conviction « … *qu'il n'y a pas de commune mesure entre les souffrances du temps présent et la gloire à venir qui sera révélée pour nous*[134] ». La première béatitude nous offrait la clé pour avoir accès au royaume des cieux, la dernière nous propose la joie éternelle et ineffable du royaume. La première béatitude nous présentait le chemin vers une vie différente, exaltante ; la dernière nous donne l'occasion d'arriver à bon port et de faire partie de ceux qui auront persévéré jusqu'à la fin parce qu'ils ont compris que le chemin que Jésus propose mène très loin, jusque dans l'éternité…

Épilogue

« La force et le bonheur d'une personne consistent à trouver le chemin par lequel Dieu va, et à aller dans la même direction. »

Henry Ward Beecher

« Ainsi Dieu dit : Placez-vous sur les chemins et regardez, et demandez quels sont les sentiers d'autrefois, quel est le bon chemin ?
Et puis suivez-le donc et vous trouverez du repos pour vous-mêmes ! »

Jérémie 6.16

Au fil des pages nous avons fait un bout de chemin ensemble, et le moment est maintenant venu de nous quitter pour que chacun reprenne sa route. Vous avez certainement compris que le bonheur n'est pas le but du chemin de la vie, mais il est présent tout le long. C'est un chemin qui ne finit jamais et qui nécessite que vous vous appliquiez à travailler à votre bonheur tous les jours. Cela signifie donc que ce bonheur n'est pas pour plus tard ni pour demain, mais à saisir dès à présent et à chaque instant.

Lorsque Jésus aborda la question du bonheur et du mieux-être en prélude au sermon sur la montagne, il voulait bien sûr que tous les gens qui l'écoutaient, le découvrent et se l'approprient. Cependant, il est fort probable que la majorité n'y croyait que très peu. Un bonheur vague et imprécis est peu invitant. Par contre, en présentant celui-ci sous la forme de chacune des béatitudes, il montrait à tous ces gens les étapes et les jalons pouvant les aider à marcher et à progresser avec assurance vers l'expérimentation de ce bonheur : il devenait ainsi appréciable et accessible dans la mesure des progrès de tous et chacun. Bien plus, chaque béatitude constituait aussi un repère pour permettre à l'homme de ne pas se perdre ni dévier de son chemin.

Le chemin du bonheur selon Dieu est en sens inverse de celui de notre société.

Vous et moi sommes semblables à cette foule qui écoutait Jésus et qui avait besoin de repères pour être guidée. Tant de voies attrayantes, invitantes et envoûtantes à souhait s'offrent à vous, n'est-ce pas ? Vous serez tenté de les emprunter lorsque vous éprouverez la fatigue et la lassitude que génèrent les difficultés, les déboires, les obstacles et les détours qu'inévitablement, la vie amène. Rappelez-vous, dans ces moments-là que les béatitudes vous proposent un bonheur bien différent de celui de ce monde, car il est réaliste et éprouvé par les siècles. Le chemin du bonheur selon Dieu est en sens inverse de celui de notre société.

Le prophète Jérémie, dans le texte mentionné au début de cet épilogue, ne présente pas un chemin secret et obscur qu'il n'est permis de découvrir qu'à une catégorie d'initiés. Au contraire, il dit : « *Placez-vous sur les chemins et* ***regardez, demandez*** *quels sont les sentiers d'autrefois. Quel est le bon chemin ?* » C'est en observant les comportements des gens qui nous entourent que nous avons l'explication de leur bonheur ou de leur malheur. Les gens malheureux présentent une existence marquée par le paradoxe et des contradictions évidentes qui affectent immanquablement la qualité de leur vie. Ils haïssent ce qu'ils devraient aimer et aiment ce qu'ils devraient haïr. Ils se battent avant même de tenter de faire la paix. Au lieu de partager, ils volent et, à la place de faire le bien, ils font le mal. Au lieu de se soutenir et de se supporter, ils se querellent, se rejettent ou s'écrasent les uns les autres. Pas étonnant qu'ils soient si malheureux ! Ils gâchent leur vie et aussi celle des autres.

Malgré tout, ne croyez pas que toutes ces personnes ne recherchent pas le bonheur. Seulement, les moyens qu'ils utilisent ne leur permettront pas d'arriver aux résultats escomptés. Ils sont prisonniers d'un cycle infernal et répétitif qui les pousse à recommencer constamment les mêmes comportements. Pour eux, le chemin du bonheur passe par :

- l'orgueil au lieu de la simplicité du cœur
- la facilité au lieu de la souffrance
- la dureté au lieu de la souplesse
- la satisfaction de soi au lieu de la soif de Dieu
- la vengeance au lieu de la sympathie
- la méchanceté au lieu de la sainteté
- l'affrontement au lieu de la solidarité
- le sacrifice des autres au lieu du sacrifice de soi

Tant qu'ils ne réaliseront pas la futilité et la destruction qui sont rattachées à leurs attitudes, et à leurs gestes inconsidérés, ils ne pourront pas connaître le véritable bonheur. Cela est vrai pour eux, comme pour vous et moi.

Les béatitudes sont pour vous, Dieu vous les présente comme son chemin du bonheur. Il ne tient qu'à vous de l'emprunter et de vous y conformer ou non. Évidemment, personne ne peut le faire à votre place. Tournez-vous vers lui et donnez-lui l'occasion de vous parler et de vous guider. Apprenez à lui faire confiance. Gardez à l'esprit qu'il vous accompagnera à chaque étape et qu'il vous aidera à composer avec les défis et les contraintes inhérentes à la vie. Si vous lui en donnez l'occasion et que vous lui confiez votre existence, il vous transformera. Il vous aidera à devenir ce qu'il veut que vous soyiez et à faire ce qu'il veut que vous fassiez pour obtenir tout ce qu'il a en réserve spécialement pour vous. Allez-y ! Allez de l'avant et marchez avec lui sur le chemin du bonheur.

« Heureux celui qui honore Dieu
et qui suit les chemins qu'il a tracés ! »
Psaumes 128.1

Notes

1. Jean Guéhenno, 1890-1978, écrivain et critique littéraire français.
2. Évangile de Matthieu 5.1-11
3. Pascal Blaise, *Pensées*, 181, 1670.
4. Matthieu 23.4
5. Luc 4.18-19
6. Matthieu 5.1
7. Nabati, Moussa, *Le bonheur d'être soi*, Fayard, 2006. p. 18.
8. Matthieu 9.36
9. Jean 14.6
10. Luc 6.20
11. Luc 6.24
12. Time Magazine, 17 janvier 2005.
13. Blondin, Robert, *Le bonheur possible : les gens heureux ont une histoire. Les conclusions d'une vaste enquête*, Montréal, Éditions de l'homme, 1997.
14. Jacques 4.6
15. Peck, M. Scott, M.D., *Les gens du mensonge*, Paris, Éditions Flammarion, 1990.
16. Les Alcooliques Anonymes sont une organisation internationale d'assistance qui visent à aider les alcooliques à atteindre l'abstinence. Pour cela, ils utilisent une série de douze étapes communément appelées : Les 12 étapes des A.A.
17. Romains 14.17
18. En particulier les versions King James, American Standard Version, International Standard Version.
19. Barclay, William (1907-1978), Théologien écossais et auteur de *The Daily Study Bible*, un commentaire en 17 volumes sur le Nouveau Testament.
20. De Montaigne, Michel, *Les essais*, Livre 3, chapitre 13.
21. Peck, M. Scott. *Abounding Grace, An anthology of wisdom*, Kansas City, Ariel Books, 2000, p. 23.
22. Citation de Benjamin Franklin (1706-1790), diplomate, écrivain, philosophe et inventeur américain.

23. Maurice Chapelan, écrivain et romancier français, 1906...

24. Ecclésiaste 3.1-4

25. Ecclésiaste 7.14.

26. Kushner, Harold S., *When bad things happen to good people* New York, Schocken Books. 2001.

27. Galates 6.2

28. 2 Corinthiens 1.3-4

29. Cyrulnik, Boris, *Un merveilleux malheur*, Paris, Éditions Odile Jacob, 1999.

30. Job 8.5-7

31. James, William, 1842-1910, philosophe et psychologue pionnier américain qui s'intéressa particulièrement à l'expérience religieuse.

32. Frankl, Victor E., *Man's search for meaning*, Boston, Beacon Press, 2006, p.104.

33. Luc 6.45

34. Seligman, Martin, *Learned Optimism*, New York, Vintage Books, 2006, p. 4-5.

35. Helen Keller (1880-1968), conférencière de renom, écrivaine et activiste des droits des personnes handicapées, est une icône de la société américaine.

36. Nombres 12.3

37. Jean 17.3

38. Texte dit par Jean-Paul Sartre en préambule à l'enregistrement phonographique de la pièce *Huis-Clos* en 1965.

39. Psaumes 37.7-11

40. Jacqueline Dulac, *Lorsqu'on est heureux,* Paroles : Claude Delécluse. Musique : Francis Lay 1966.

41. 1 Corinthiens 15.32

42. Ecclésiaste 1.3

43. http://www.quoteland.com

44. Proverbes 14.12, La Bible du Semeur.

45. Pascal, Blaise *Pensées*, 181, 1670.

46. Psaumes 63.2

47. http://fr.wikipedia.org/wiki/Shoah

48. Burke, Edmund, écrivain et homme d'état irlandais (1729-1797).
49. http://www.yadvashem.org/
50. *La colline aux mille enfants*, un film de Jean-Louis Lorenzi, LCJ Éditions et Productions, France 2/France 3/SFPP.
51. Matthieu 5.20
52. http://www.unesco.org/courier/1999_12/fr/dossier/txt04.htm#e1
53. Mahatma Gandhi, philosophe et homme politique indien (1869-1948) in http://www.monde-diplomatique.fr/2005/01/WAUTHIER/11834.
54. Zodhiates, Piros, The Beatitudes, Chattanooga, AMG Publishers, p. 409.
55. Néhémie 9.31
56. Psaumes 103.8
57. Éphésiens 2.4
58. Jean 3.16
59. Jérémie 3.11
60. Kreeft, Peter, *Back to virtue*, San Francisco, Ignatius Press, 1992, p. 113.
61. Thiessen, Henri C., *Esquisse de Théologie Biblique*, Sherbrooke, Éditions Béthel, 1987, p. 100.
62. Ésaïe 61.1-3
63. Luc 4.18-19
64. Ésaïe 58.7-8
65. Matthieu 25.31-40
66. *L'Express*, mardi 25 septembre 2007
67. Matthieu 7.1-2
68. Psaumes 112.4
69. Blaise PASCAL, Pensées, 181, (1670).
70. Extrait d'une allocution de Peter Kreeft, professeur de philosophie au Boston College, le 17 janvier 2003.
71. http://www.paroles.net/chansons/18714.htm
72. Charles de Secondat Montesquieu, écrivain français. 1689-1755.
73. Webster's Third New International Dictionary, *Unabridged.* ©Merriam-Webster, 2002.
74. Le Grand Usuel Larousse.
75. Proverbes 12.25

76. Encyclopédie Universelle, Être Humain, ERPI, St-Laurent, 2005, p. 78.
77. Luc 6.45
78. Marc 15.19, La Bible du Semeur.
79. Genèse 8.21
80. Jérémie 17.9
81. Ézéchiel 36.26
82. Matthieu 3.8, Luc 24.47, Romains 5.8
83. Marc 10.45, Jean 15.13, Colossiens 1.20
84. 1 Corinthiens 15.21, 1 Pierre 1.3, Apocalypse 1.18
85. G. K. Chesterton (1874-1936), journaliste et écrivain prolifique anglais.
86. www.theopedia.com/Original_sin
87. 1 Corinthiens 15.56
88. Leçon 102, Institut de Consultation Pastorale.
89. Éphésiens 4.17-18
90. Romains 7.15-20
91. Éphésiens 4.18-19
92. Proverbes 4.23
93. Tite 1.15
94. Psaumes 51.10
95. Exode 33.18
96. Job 42.5
97. Psaumes 4.6
98. Psaumes 84.5
99. Matthieu 4.23
100. Jean 10.37, 14.20
101. Ésaïe 9.6
102. Matthieu 4.25
103. Matthieu 12.38
104. Marc 3.2
105. Matthieu 22.35, Luc 10.25
106. Matthieu 23.25-28

107. Matthieu 11.15, 13.16

108. Matthieu 13.16

109. Bloomfield, Harold, Goldberg, Philip, *Making Peace With God*, New York, Jeremy P. Tarcher/Putnam, 2003, p. 31.

110. 1 Corinthiens 13.11

111. Kreeft, Peter, *Back to virtue*, San Fransisco, Ignatius Press, 1992, p.146.

112. Luc 6.31

113. Matthieu 5.21-22

114. Matthieu 5.38-39

115. Matthieu 5.43-45

116. http://www.fraternet.com/priere38.htm

117. Psaumes 34.12-14

118. www.evene.fr/citations/auteur.php?ida=516

119. Erikson, Erik H., *Enfance et Société*, Neuchâtel, Delachaux & Niestlé, 1982.

120. Kelly, Matthew, *The Rhythm of Life*, New York, Fireside, 2004, p. 40.

121. Sachot, Maurice, *Quand le christianisme changea le monde*, Paris, Odile Jacob, 2007, p.199.

122. Jean 1.5

123. www.en.wikipedia.org/wiki/Benigno_Aquino,_Jr

124. Colson, Charles, *Kingdoms in Conflict*, New York, William Morrow & Zondervan Publishing House, 1987, p. 317.

125. Rosa Parks (1913-2005).

126. http ://quotes.zaadz.com/Dietrich_Bonhoeffer

127. http ://thinkexist.com/quotes/dietrich_bonhoeffer/

128. Matthieu 10.16-23

129. Jean 15.20

130. 2 Timothée 3.12

131. Barclay, William, *The Gospel of Matthew*, *The Daily Study Bible* Louisville, Westminster John Knox Press, p.130.

132. http ://chi.gospelcom.net/GLIMPSEF/Glimpses/glmps008.shtml

133. Matthieu 5.12-13

134. Romains 8.18

Des solutions pour la vie !

Si vous avez l'opportunité un jour d'assister à une conférence de Denis Morissette, vous vous apercevrez très rapidement que c'est un homme passionné par le thème de la vie et les multiples questions qu'elle soulève. Son mot d'ordre pour chacun est maintenant presque devenu un slogan :

« La vie n'est pas quelque chose que l'on subit mais que l'on saisit ! »

Table des matières